정보철학 입문

정보철학 입문

Information

Luciano Floridi

루치아노 플로리디 지음 ▪ 석기용 옮김

P 필로소픽

INFORMATION
C·O·N·T·E·N·T·S

감사의 글

이 책을 쓰는 데 도움을 준 많은 사람 중에서도 커스틴 디마타, 에마 마챈트, 라사 메논에게 분명한 감사의 마음을 전하고 싶다. 옥스퍼드 대학교 출판부의 이 세 사람이 보내준 격려와 지원, 편집상의 조언, 그리고 넉넉하면서도 다행히 무한하지는 않은 인내심 덕분에 나는 이 책을 용케 마무리했다. 괴팅겐의 게오르크-아우구스트 대학교 수치응용수학 연구소에서 이 책을 집필할 때 친절히 도와주며 탈고 직전의 원고를 읽고 의견을 준 로베르트 샤박에게 감사한다. 데이비드 데이븐포트, 우고 파갈로, 크리스토프 슐츠의 피드백도 감사하다. 그리고 특히 6장에 관하여 값진 조언과 의견을 제시해 주었을 뿐 아니라, 우리 삶을 믿기 어려울 정도로 즐겁게 해주는 내 아내 안나 크리스티나 데 오조리오 노브레에게 감사한다. 2008~2009학년도에 나를 '가우스 교수'로 선정하여 특전을 제공해준 괴팅겐 과학원과 내가 괴팅겐을 방문하여 이 책의 집필을 마무리하는 동안 내 강의 일정을 관대하게 조정해준 하트퍼드셔 대학교에 매우 깊은 감사의 말씀을 드린다.

서론

이 책의 목표는 정보란 무엇이고 그것의 다중적 본성은 무엇
이며, 여러 가지 과학적 맥락에서 정보가 수행하는 역할은 무
엇인지, 그리고 점점 커지는 정보의 중요성이 불러오는 사회
적·윤리적 쟁점들은 어떠한 것들인지 그 윤곽을 제공하는 것
이다. 윤곽을 그리는 작업은 필시 선별적일 수밖에 없다. 그
렇지 않으면 이 책은 '아주 짧지도' 않고 그냥 '입문서'로 끝
나지도 않을 것이다. 우리가 일상에서 매일 마주하는 엄청나
게 다양한 정보 현상, 그리고 그런 현상의 심원하고도 근본적
인 중요성을 이해하는 데, 또 그럼으로써 우리가 사는 이 정
보 사회를 이해하는 데 이 책이 독자들에게 도움이 되기를 희
망한다.

　정보는 많은 형태로 접하게 되고 또한 그 의미도 여러 가지
라고 말들이 많다. 어떤 관점을 채택하고 어떤 필요조건과 요
구조항을 염두에 두느냐에 따라 정보는 여러 가지 설명과 결
합할 수 있다. 이를테면, 정보 이론의 아버지인 클로드 섀넌
Claude Shannon(1916~2001)은 매우 신중했다.

일반적인 정보 이론 분야에서 다양한 저술가들이 '정보'라는 단어에 제각기 다른 의미를 부여하였다. 아마도 적어도 그중 많은 의미는 특정한 적용 사례들에서 충분히 유용성이 입증되어 추가적인 연구와 상시적인 인정을 받을 자격이 될 것이다. **단 하나의 정보 개념이 이 전반적인 분야에서 가능한 수많은 적용 사례들을 만족스럽게 설명할 수 있을 것으로 기대하기란 어려운 일이다.** (강조는 인용자)

실제로, 기계 번역의 선구자 중 한 명으로서 섀넌과 함께《수학적 커뮤니케이션 이론The Mathematical Theory of Communication》을 공동 집필한 워렌 위버Warren Weaver(1894~1978)는 다음과 같은 측면에서 정보의 삼각 분석을 지지했다.

① 정보 계량화와 관련하여 섀넌의 이론에서 다뤄지는 기술적 문제들.
② 의미와 진리에 관계된 의미론적 문제들.
③ 인간 행동에 미치는 정보의 파급력과 유효성에 관련된 것으로서, 그가 다른 문제들 못지않게 중요한 역할을 맡아야 한다고 생각한 소위 "영향력 있는" 문제들.

정보 분석에서 발생하는 문제들 가운데 두 가지 초기 사례가 섀넌과 위버의 이론에서 발견된다. 하나는, 서로 다른 과대한 해석 때문에 혼란이 생길 수 있다는 것이다. 다른 하나는, 분명히 부질없음에도 불구하고 정보 개념 그 자체의 오해와 오용에 대한 불평을 빈번히 표출한다는 것이다. 이 책은 우리가 정보에 관해 말할 수 있는 주요한 의미들의 지도를 제공하려 한다. 그 지도는 '데이터data' 개념을 근거로 정보에 관해 내놓은 첫 설명을 바탕으로 그려진다. 불행히도 그런 최소한도의 설명조차도 의견 차이를 모면하지 못한다. 지금의 접근법을 옹호한다는 측면에서 볼 때, 적어도 이 방식이 다른 방식에 비해 논쟁의 여지가 훨씬 적다고는 말할 수 있을 것이다. 당연히 어디에선가는 개념 분석의 출발점을 잡아야 한다. 사람들은 흔히 이런 태도를 조사 대상에 대해 모종의 실무적 정의를 채택하자는 의미로 받아들이곤 하지만, 내가 여기서 강조하고 싶은 것은 그런 상투적인 소리가 아니다. 어려움은 훨씬 더 벅차다. 정보 개념에 관한 연구는 아직도 한탄스러운 단계에 있으며, 문제들 자체를 잠정적으로 진술하여 틀에 넣는 방식에조차 의견의 불일치가 영향을 미치는 지경이다. 그 덕에 이 책 곳곳에 "현 위치"를 가리키는 다양한 표지판이 놓여 있는 것일 수도 있다. 전체적인 목적은 한 가족을 이루는 정보 개념들을 지도 위에 견고하게 자리 잡게 해줌으로써 추후의 조정과 방향 전환을 가능케 하려는 것이다.

1장

정보 혁명

정보 사회의 등장

역사에는 시기를 구분하는 많은 척도가 있다. 어떤 척도는 계절의 반복과 행성 운동에 의존한다는 점에서 자연적이고 순환적이다. 어떤 척도는 사회적이거나 정치적이거나 선형적인 것으로서, 예를 들면 이어지는 올림픽 대회 개최나, 로마가 세워진 이래로 지나간 햇수(로마 창건 기원ab urbe condita)나, 특정 국왕의 등극 등을 기준으로 삼는다. 또 다른 척도는 종교적인 성격을 띠는 것들로서 V자 모양으로 나타난다. 이를테면 그리스도의 탄생 같은 특정 사건을 전후로 햇수를 세는 것이다. 더 작은 시대를 아우르는 더 큰 시대가 있으며, 그런 시대들은 유력한 양식(바로크), 사람들(빅토리아 시대), 특수 상황(냉전), 신기술(원자핵 시대) 등에 따라 명명된다. 이 모든 척도와 여기 언급하지 않은 다른 많은 방법의 공통점은, 그것들이 모두 사건들을 기록하는 시스템에 의존하며, 그렇게 해서 과거에 관한 정보를 축적하고 전송한다고 하는 엄격한 의미에서 **역사적**이라는 것이다. 기록 없이는 역사도 없으며, 선사 시대란 인류 발전 과정에서 아직 기록 체계를 활용할 수 없었던 시대를 가리킨다는 사실을 고려할 때, 역사란 실제로 정보 시대와 동의어인 셈이다.

그렇다면 우리는 인류가 적어도 청동기 시대 이래로 다양한 종류의 정보 사회들에서 살아오고 있다고 마땅히 주장할 수 있을 것이다. 청동기 시대의 특징은 바로 그 시기에 메소포타미아를 비롯해 세계 여러 지역에서 글쓰기가 고안되었다는 것이다(기원전 4000년경). 그렇지만 정보 혁명이 일반적으로 의미하는 바는 그런 것이 아니다. 많은 설명이 있을 수 있겠지만 다른 무엇보다 더 설득력 있어 보이는 설명은, 최근 들어서야 비로소 인간의 진보와 행복이 정보 생명주기의 성공적이고 효율적인 관리에 상당 부분 의존하기 시작했다는 것이다.

정보 생명주기는 일반적으로 다음 국면들을 포함한다. 발생 occurrence(발견, 설계, 저작 등), 전송transmission(네트워킹, 분배, 접속, 검색, 발송 등), 처리와 관리processing and management(수집, 확인, 수정, 조직, 색인, 분류, 여과, 갱신, 구분, 저장 등), 그리고 사용 usage(모니터링, 모델링, 분석, 설명, 계획, 예측, 의사결정, 지시, 교육, 학습 등). 그림 1은 이를 단순하게 표현한 도해를 보여준다.

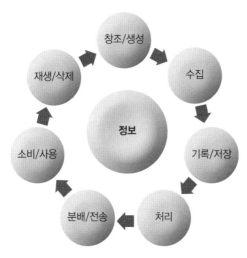

[그림 1] 전형적인 정보 생명주기

이제 그림 1을 시계와 비슷하다고 상상해보라. 정보 생명주기의 진화가 정보 사회를 불러오는 데 걸린 시간 때문에 놀라서는 안 된다. 최근 추산에 따르면 지구상의 생명은 앞으로 10억 년 더 존속하다가 태양의 온도 상승으로 인해 종말을 맞이할 것이라 한다. 그러면 가까운 미래, 이를테면 100만 년 후에 글을 쓰고 있는 역사가를 상상해보라. 그 역사가는 신석기 시대에 시작된(기원전 10000년경) 농업 혁명이 청동기 시대에 이르러서 완전히 자리를 잡게 되기까지 대략 6천 년이 걸렸고, 청동기 시대부터 기원후 두 번째 천년이 끝날 무렵까지 또 한 번의 6천 년 세월이 흘러 정보 혁명의 결실을 보게 된 것이 특별할 게 없는 일로서 그저 멋지게 대칭을 이룬다는 정도로 생각할지 모른다. 이 기간에 ICTs, 즉 '정보 및 커뮤니케이션 기술Information and Communication Technologies'은 단지 기록하는 시스템에서(쓰기와 사본의 제작) 특히 구텐베르크Gutenberg (1398?~1468)가 인쇄술을 발명한 이후로 커뮤니케이션 시스템으로 진화하였고, 특히 앨런 튜링Alan Turing(1912 ~1954)에 힘입어 컴퓨터가 보급된 뒤로는 처리와 생산 시스템으로까지 한층 더 진화하였다. 이런 진화 덕분에 오늘날 가장 선진적인 사회들은 정보 기반 무형 자산, 정보 집약적 서비스(특히 사업과 부동산 서비스, 금융과 보험, 오락), 정보 지향적 공공 부문(특히, 교육, 공공행정, 공중보건)에 크게 의존한다. 예를 들면, 캐나다, 프랑스, 독일, 이탈리아, 일본, 영국, 미국 등 모든 G7 회원국은 정보 사회의 자격을 갖추고 있다. 이들 나라는 모두 농업이나 제조업 과정에서 나온 물리적 생산물에 해당하는 유형의 재화가 아닌 정보 관련 무형의 재화에 적어도 GDP(국내총생산)의 70%가 의존하기 때문이다. 그런 나라들의 기능과 성장은 엄청난 양의 데이터, 전 역사에 걸쳐 인류가 지금껏 보아온 것보다 더 많은 데이터를 요구하고 또 생산한다.

제타바이트 시대

2003년에 버클리의 정보 경영 시스템 전문대학원의 연구자들은 컴퓨터가 상용화되기 전까지 인류가 역사의 전 과정을 통해 대략 12엑사바이트exabyte의 데이터를 축적했다고 추산했다(1엑사바이트는 1,018바이트 즉 DVD 화질의 영상물 5만 년 치에 해당한다). 하지만 또한 그들은 2002년 한 해에만 인쇄물, 영상물, 자기 및 광학 저장 매체가 벌써 5엑사바이트 이상의 데이터를 생산했다고 계산했다. 이것은 미국의회도서관 규모의 새로운 도서관 3만 7천 개가 생겨난 것에 맞먹는다. 2002년의 세계 인구 규모를 놓고 볼 때, 거의 1인당 800메가바이트megabyte, MB의 기록된 데이터가 생산된 셈이었다. 이것은 갓난아기가 태어날 때 800MB의 데이터를 종이에 인쇄했을 때의 분량에 해당하는 약 9m 두께의 책을 짊어지고 세상에 나왔다고 말하는 것이나 다름없다. 이 데이터 중 92%가 자기 매체magnetic media에 저장되었으며(대부분 하드디스크다), 이로써 전례 없는 정보 "민주화"를 유발했다. 즉, 그 어느 때보다도 더 많은 사람이 더 많은 데이터를 소유하게 된 것이다. 그런 기하급수적 급증은 가차 없이 이뤄지고 있다. 더 최근의 연구에 따르면, 2006년과 2010년 사이에 전 세계 디지털 데이터의 양은 161엑사바이트에서 988엑사바이트로, 즉 여섯 배 이상으로 늘어날 것이라 한다. 세계를 덮치고 있는 이런 바이트의 쓰나미를 묘사하기 위해 '엑사홍수exaflood'라는 신조어까지 등장하였다. 물론 그런 엑사홍수에 떠내려가지 않고 물살을 헤쳐나가기 위해 수십 억 대의 계산 기계들이 계속

돌아가고 있다. 지금까지의 모든 수치는 예견 가능한 미래에도 계속 꾸준히 증가할 것이며, 그렇게 되는 데에는 컴퓨터가 후속 엑사바이트의 최대 공급원 중 하나이기 때문이라는 점을 결코 무시할 수 없다. 컴퓨터 덕분에 우리는 제타바이트zettabyte(1,000엑사바이트) 시대에 빠르게 접근하고 있다. 이것은 자기강화의 순환이며, 이에 압도감을 느끼지 않는다면 오히려 이상할 터이다. 그것은 혼재된 감정이다. 아니, 적어도 그런 감정이어야 한다.

오늘날 ICT는 반세기가 넘는 세월에 걸쳐 세계를 되돌릴 수 없을 만큼 심원하게 변화시켜 오고 있다. 변화의 폭은 놀라우리만치 크고 그 속도는 무시무시하다. 한편으로 ICT는 엄청난 경제적·과학적 이점뿐만 아니라 사람들의 교육, 복지, 번영, 계발에 엄청난 이득이 될 현실적인 절박한 기회들을 가져다주었다. 놀랄 일도 아니지만, 미국 상무부와 국립과학재단은 'NBIC', 즉 나노기술Nanotechnology, 생물공학Biotechnology, 정보기술Information Technology, 인지과학Cognitive Science을 국가 차원의 우선성을 갖는 연구 영역으로 인정했다. 세 영역 N, B, C는 I 없이는 사실상 불가능하리라는 점에 주목해야 한다. EU도 이에 필적하는 움직임을 보이며 ICT의 거대한 파급력을 인정하였다. EU의 국가 정부 수반들은 EU를 '2010년까지 가장 경쟁력 있고 역동적인 지식 주도 경제'로 만들기로 합의한 것이다.

반면, ICT는 또한 중대한 위험들도 지니고 있다. ICT는 실재reality의 본성 및 그에 대한 우리의 지식, 전자정보기반과학e-science, 공정 사회 형성(디지털 양극화를 생각해보라), 현재와 미래 세대에 대한 우리의 책임과 의무, 세계화된 세상에 대한 이해, 우리가 환경과 나눌 수 있는 잠재적 상호작용의 범위 등에 관하여 깊은 의문과 딜레마를 불러일으킨다. 결과적으로 ICT는 우리가 그것의 본성과 함의를 이해하는 속도를 훨씬 앞질러 나갔으며, 그러는 사이에 그로 인해 생겨난 문제들의 복잡성과 전 지구적 규모가 급속도로 확장되고 진전되어 점점 더 심각해지는 상황이다.

간단한 비유가 현재 상황을 이해하는 데 도움이 될 수 있다. 정보 사회는 자신의 개념적·윤리적·문화적 뿌리에 견주어볼 때 대단히 광범위하고, 조급하고, 무질서하게 아주 멀리까지 가지들을 뻗치며 자라나고 있는 나무와 비슷하다. 수백만 시민이 일상의 삶에서 경험할 정도로 그 균형의 상실은 명백한 상황이다. 간단한 일례로, 개인정보 도용을 생각해보라. 이것은 돈을 훔치거나 여타 이득을 얻기 위해 정보를 사용하여 다른 사람으로 둔갑하려는 것이다. 미 연방거래위원회에 따르면, 개인정보 도용과 관련된 사기 손해 액수가 미국에서 2002년 한 해에만 약 526억 달러에 달했으며 거의 천만 명의 미국인이 피해를 봤다고 한다. 뿌리가 허약한 나무가 그렇듯, 하층부의 허약한 토대 때문에 상층부가 손상을 입어 더 크고 건강하게 자라나지 못할 위험이 있다. 결과적으로 오늘날 모든 선진 정보 사회는 실행 가능한 정보 철학을 갖추어야 한다는 시급한 과제에 직면해 있다. 앞의 비유를 적용하자면, 기술이 위를 향해 계속 자라나고 있는 지금이야말로, 우리가 정보 시대 및 그 시대의 본성, 눈에 잘 보이지 않는 함축들, 인간과 환경의 복지에 미칠 파급력에 대한 개념적 이해를 확장하고 강고히 하기 위해 아래로 더 깊게 땅을 파고들기 시작할 적기이다. 그렇게 되면 우리는 난점을 예견하고, 기회를 확인하고, 문제를 해결할 승산을 스스로 얻게 될 것이다.

상대적으로 조용했던 수천 년간의 잉태 기간이 지난 후, 거의 돌연하다고 할 전 지구적인 정보 사회의 분출은 새롭고 분열적인 과제들을 생성했다. 그것들은 불과 수십 년 전만 해도 크게 눈에 띄지 않던 것들이다. '과학과 신기술의 윤리에 관한 유럽 그룹the European Group on Ethics in Science and New Technologies', 그리고 '유네스코 정보 사회 관측소the UNESCO Observatory on the Information Society'가 잘 제시한 바대로, ICT는 정보와 커뮤니케이션과 계산 자원의 창조, 관리, 활용을 지극히 중요한 쟁점으로 만들었다. 그것은 단지 세계 및 세계와의 상호작용에 대한 우리의 이해에서만이 아니라 우리의 자기평가와 정체성의 측면에서도 그렇다. 다른 말로 하면, 컴퓨터과학과 ICT는 **제4차 혁명**을 일으킨 것이다.

제4차 혁명

과도하게 단순화하자면, 과학이 우리의 이해를 바꾸는 데에는 두 가지 근본적인 방식이 있다. 하나는 **외향적**이라 불리는 것으로서 곧 세계에 관한 것이고, 다른 하나는 **내향적**인 것으로 곧 우리 자신에 관한 것이라 할 수 있다. 세 차례의 과학 혁명은 외향적으로나 내향적으로나 거대한 파급효과를 불러왔다. 그 혁명들은 바깥세계에 대한 우리의 이해를 바꾸면서, 또한 우리가 누구인가에 관한 우리의 생각도 수정했다. 니콜라우스 코페르니쿠스Nicolaus Copernicus(1473~1543) 이후에, 태양 중심의 우주론이 이전까지 우주의 중심에 자리했던 지구를 몰아냈고 그 바람에 인간 역시 같은 신세가 되었다. 찰스 다윈Charles Darwin(1809~1882)은 모든 생명체 종이 공통 조상에서부터 오랜 세월에 걸쳐 자연 선택을 통해 진화했음을 보여주었고, 그럼으로써 생명체 왕국의 중심에 자리했던 인간을 추방했다. 그리고 지크문트 프로이트Sigmund Freud(1856~1939)의 인도 아래, 오늘날 우리는 우리의 마음이 또한 무의식적이며 억압의 방어 기제에 종속되어 있다는 사실을 인정한다. 그러므로 우리는 우주의 중심에 붙박이로 자리 잡고 있지 않으며(코페르니쿠스 혁명), 부자연스럽게 나머지 동물의 왕국과 동떨어진 채 별종으로 존재하는 것도 아니며(다윈 혁명), 또한 르네 데카르트René Descartes(1596~1650) 같은 철학자가 당연시

했던 바와는 달리 자기 자신에게 완전히 투명하게 드러나는 독립적인 마음을 가진 것도 전혀 아니다(프로이트 혁명).

인류사의 전개에 대한 이런 고전적 해석의 가치에 쉽게 의문을 제기해볼 수도 있다. 결국 이 세 혁명을 인간 본성이 재평가되어 온 단일한 과정으로 해석한 최초의 인물이 바로 프로이트였으니, 그의 시각은 자기를 돋보이게 하려는 빤한 잇속 차리기였다고 말이다. 그러나 프로이트를 인지과학이나 신경과학으로 대체해보라. 그렇게 해도 최근에 인간의 자기 이해에 관하여 무언가 매우 의미심장하고 심오한 사태가 벌어졌다는 우리의 직관을 설명하기에 유용한 개념 틀을 여전히 발견할 수 있다. 1950년대 이래로 컴퓨터과학과 ICT는 안팎으로 영향력을 발휘하였고, 그러면서 우리가 세계와 맺는 상호작용뿐 아니라 우리의 자기 이해도 변화시켰다. 많은 측면에서 우리는 독립적인 존재자라기보다 상호 연결된 정보적 유기체, 즉 **인포그**inforg로서, 생물학적 행위자들 및 공학적 인공물들과 함께 궁극적으로 정보로 이루어진 총체적 환경, 즉 인포스피어inforsphere, 情報圈를 공유한다. 인포스피어는 모든 정보 처리 과정들, 서비스들, 존재자들로 형성된 정보적 환경으로서, 그 안에는 정보 행위자들뿐만 아니라 그것들의 속성, 상호작용, 상호관계가 모두 포함된다. 만약 제4차 혁명을 대표하는 과학자가 한 명 필요하다면, 그 사람은 확실히 앨런 튜링이 되어야 한다.

인포그를 공상과학 소설에서 묘사하는 '사이보그화된' 인간과 혼동해서는 안 된다. 몸에 블루투스 무선 헤드셋을 이식하고 생활하는 것은 그다지 현명한 행동처럼 보이지 않는다. 그 이유는 특히 그런 행동이, 그 장치가 전송 중이라 여겨지는 또 다른 사회적 메시지, 즉 '상시 대기 상태로 사는 것은 일종의 노예 상태이며 그렇게 바쁘고 중요한 사람이라면 그러지 말고 개인 비서를 두어라'라는 메시지와 상반되기 때문이다. 모종의 사이보그가 된다는 것은 기꺼이 환영할 일이 아니라 되도록 피하고자 노력할 일이다. 인포그라는 발상이 유전적으로 개조된 인간으로 나아가는 디딤판으로서 인간의 정보적 DNA에 관여하고, 그리하여 다가올 미래에 그런 인간의 체현을 담당하게 되는 것도 아니다. 그런 일이 미래에 일어날 수도 있겠지만, 지금 단계에서 진지하게 논의하기에는 기술적으로나(안전하게 실행할 수 있을지) 윤리적으로나(도덕적으로 수용할 수 있을지) 아직은 가야 할 길이 한참 멀다. 오히려 제4차 혁명은 인간 행위자의 고유한 정보적 본성을 조명해주고 있다. 이것은 단지 사람들 개개인이 '데이터 그림자data shadow'[1]를 남기기 시작했다거나, 혹은 사람들이 저마다 이메일, 블로그, 홈페이지 주소 등에서 '하이드 씨'와도 같은 대안적 디지털 자아를 내세

---

1   신용카드, 휴대전화, 인터넷 등을 사용하면서 자신도 모르게 생겨나는 추적 가능한 정보를 가리킨다.

우기 시작했다고 말하는 것을 넘어서는 문제다. 뚜렷이 눈에 띄는 이런 사실들은 오히려 디지털 ICT를 단지 증강 기술로 착각하게끔 조장할 뿐이다. 중요한 것은 행위자가 된다는 것의 의미가 무엇인지, 그리고 그런 새로운 행위자가 어떤 종류의 환경에 거주하게 될 것인지에 관한 우리의 이해 속에서 벌어진, 더 조용하고 그리 원색적이지 않으면서도 결정적이고 심원한 변화이다. 그것은 우리 몸의 어떤 기발한 개조나 우리의 포스트휴먼적 조건에 관한 어떤 공상과학적 사변을 통해 일어나고 있는 변화가 아니라, 실재와 우리 자신에 대한 이해의 급진적 변환을 통해 훨씬 더 진지하고 실감 나게 벌어지고 있는 변화이다. 이를 설명하는 좋은 방법은 **향상**enhancing 장비와 **증강**augmenting 장비의 구분에 호소하는 것이다.

인공심박조율기나 안경이나 인공 수족 같은 향상 장비는 해당 장비를 사용자의 몸에 인간공학적으로 부착시켜줄 인터페이스가 있어야 한다. 이것이 사이보그 발상의 시작이다. 증강 장비는 대신에 서로 다른 가능세계들 사이에서 커뮤니케이션할 수 있는 인터페이스를 갖는다. 예를 들면, 한 측면에 인간 사용자의 일상적 거주지인 바깥세계, 즉 현실이 존재하며 그 현실은 거기에 거주하는 행위자에게 영향을 미친다. 다른 한 측면에 역동적이고, 축축하고, 미끄럽고, 뜨겁고, 어두컴컴한 식기세척기의 세계가 있다. 똑같이 축축하고, 미끄럽고, 뜨겁고, 어둡지만, 빙빙 돌아가기도 하는 세탁기의 세계도 있다. 혹은 조용하고, 썩지 않고, 세제를 쓰지 않고, 차갑고, 환히 빛을 발할 때가 있는 냉장고의 세계가 있다. 이런 로봇들은 그들의 환경을 그들 능력에 맞게 '몸에 두르고' 재단한 덕분에 성공할 수 있는 것이며 그 반대 방향으로는 아니다. 인간 행위자와 정확히 같은 방식으로 설거지를 하게 하기 위해 〈스타워즈〉의 C3PO 같은 드로이드를 제작하려는 것이 어리석은 발상인 이유가 바로 그것이다. 오늘날 ICT는 방금 설명한 의미에서 향상하거나 증강하지 않는다. ICT는 장치들을 급진적으로 변형시키고 있다. 왜냐하면 ICT는 사용자가 일종의 신고식을 치르면서 게이트웨이gateway를 통해 (가능하면 친화적으로) 진입할 수 있는 환경을 만들어내기 때문이다. 이 급진적 형태의 리엔지니어링re-engineering을 가리킬 용어가 없다. 그래서 우리는 매우 급진적인 형태의 이런 리엔지니어링을 가리키기 위한 말로 리온톨로자이징re-ontologizing, 즉 '재존재화'라는 신조어를 사용할 수 있을 것이다. 그것은 시스템 (예를 들면, 회사나 기계 혹은 어떤 인공물 같은)을 새로 설계하거나 건조하거나 구조화할 뿐만 아니라, 아예 그것이 본래 가진 성격, 즉 그것의 온톨로지ontology, 즉 존재론을 근본적으로 변형한다. 이런 의미에서 ICT는 단지 우리 세계를 리엔지니어링 하는 것이 아니라 실제로 재존재화하고 있는 것이다. 예를 들어, 마우스의 역사를 살펴보면(http://sloan.stanford. edu/mousesite/) 우리의 기술이 사용자인 우리에 맞춰 적응

했을 뿐만 아니라 우리를 또한 가르치기도 했다는 사실을 발견하게 된다. 더글러스 엥겔바트Douglas Engelbart(1925~2013)가 예전에 내게 해준 말이 있다. 자신의 가장 유명한 발명품인 마우스를 한창 개량하고 있을 때, 심지어 그것을 책상 밑에 두는 방안도 실험했다는 것이다. 다리로 조작하게 함으로써 사용자의 손을 자유롭게 남겨두려는 의도였단다. '인간-컴퓨터 상호작용'은 대칭적 관계이다.

아까의 구분으로 되돌아가서, 식기세척기의 인터페이스는 계기판이고, 그것을 통해 기계가 사용자의 세계로 진입하는 것이라고 한다면, 디지털 인터페이스는 하나의 게이트웨이로서 사용자가 그것을 통해 사이버공간에 등장할 수 있게 된다. '가상현실', '온라인', '웹서핑', '게이트웨이' 등 많은 공간적 은유의 밑바탕에는, 간단하지만 근본적인 이런 차이가 깔려 있다. 인류가 일상적 거주지에서 인포스피어 그 자체를 향해 획기적인 전대미문의 이주를 감행하는 광경이 지금 목격되고 있다는 말도 여기서 나온다. 그 이유는 특히 인포스피어가 일상적 거주지를 흡수하고 있기 때문이다. 결과적으로 인간은 정보적 창조물에 더 친화적인 환경에서 움직이는 다른 (아마도 인공적인) 인포그들, 행위자들 무리에 함께 속한 인포그가 될 것이다. 언젠가 우리 아이들 같은 디지털 원주민이 우리 같은 디지털 이민자들의 뒤를 잇고 나면 e-이민은 완료될 것이고, 미래 세대는 인포스피어와의 연결이 끊어질 때마다 마치 물 밖에 나온 물고기처럼 무언가 박탈당하고 배제되고 불편해지고 빈곤해진다는 느낌을 점점 더 많이 갖게 될 것이다.

현재 우리는 우주 안에서 우리의 근본적인 본성과 역할이 재배치되고 재평가되는 과정이라 할 수 있는 **제4차 혁명**을 널리 경험하고 있다. 우리는 실재의 궁극적 본성에 대한 우리의 일상적 관점, 즉 물리적 대상과 과정이 핵심적 구실을 하는 물질주의적 관점의 형이상학을 정보적 관점의 형이상학으로 수정하고 있다. 이런 전환은 대상이나 과정이 점점 더 기반-독립적support-independent인 것들로 보이게 되어간다는 의미에서(음악 파일을 생각해보라) 탈脫물리화된다는 것을 뜻한다. 그것들은 어떤 대상의 예화instance(내가 가진 음악 파일 복사본)가 그것의 유형type(내가 복사본을 만들어 예화한 당신의 음악 파일)만큼이나 훌륭하다는 의미에서 유형화된다. 그리고 그것들은 내 복사본과 당신의 원본이 상호 교환 가능해진다는 의미에서, 완벽하게 복제 가능한 것으로 자연스럽게 당연시된다. 대상이나 과정의 물리적 본성을 덜 강조한다는 것은, 적어도 소유권 못지않게 사용권 역시 중요하게 인식된다는 것을 의미한다. 마지막으로 존재의 규준, 즉 무언가가 존재한다는 말의 의미는 이제 더는 실제로 불변한다거나(그리스인들은 변화하지 않는 것만이 완전히 존재하는 것이라고 말할 수 있다고 생각했다) 지각의 대상이 될 가능성이 있다는 것이 아니라(근대 철학은 존재한다고 불리기 위해서는 오감을 통해 경험적으로 지각 가능한 것이어야 한다고 주장했다), 설령 무형의 것이라 하더라도 상호작용의 대상이 될 가능성이 있다는 것이 된다. '있다'는 것은 상호작용할 수 있다는 것이며, 그것이 설령 오로지 간접적인 상호작용일지라도 상관이 없다. 다음의 사례들을 고려해보라.

최근 들어 많은 나라가 소프트웨어의 취득을 경상사업비가 아니라 투자로 간주하는 미국을 따르고 있다. 소프트웨어는 오랜 시간에 걸쳐 제품 생산에 반복적으로 사용되는 다른 자본재 투입의 경우처럼 취급되어야 한다는 것이다. 오늘날 소프트웨어에 대한 지출은 통상적으로 GDP에 이바지한다. 그래서 소프트웨어는 뭔가 형태는 없다고 말할 수 있어도 (디지털) 재화로 인정된다. 가상 자산도 중요한 투자 대상에 해당할 수 있다는 사실을 인정하는 일을 그리 어려워할 필요가 없다. 정 그러면, 중국의 소위 '가상의 착취공장' 현상을 떠올려보라. 밀실 공포를 일으키는 과밀한 방에서 노동자들은 캐릭터, 장비, 게임 머니 등과 같이 다른 게이머에게 팔 수 있는 가상의 물건들을 생산해내기 위해 〈워크래프트〉나 〈리니지〉같은 온라인 게임을 하루에 최대 12시간까지 한다. 이 글을 쓰고 있는 지금 시점에서도 〈워크래프트〉 같은 다중 사용자 온라인 롤플레잉 게임, 이른바 MMORPG의 '최종 사용자 약관End User License Agreements, EULA'(유료 소프트웨어를 설치하는 모든 사용자가 받아들이는 계약)은 여전히 가상 자산의 판매를 허용하지 않는다. 이것은 MS워드의 EULA가 해당 소프트웨어를 사용하여 만든 디지털 문서들의 소유권을 사용자에게 허용하지 않고 있는 경우와 비슷하다 하겠다. 점점 더 많은 사람이 자신의 아바타와 자산을 창출하기 위해 수백 수천의 시간을 투자하고 있다는 점에서 아마도 상황은 바뀔 것이다. 미래 세대는 자신들이 갖고 싶어 할 디지털 존재자들을 물려받을 것이다. 실제로 아무리 금지했어도 이베이eBay에서는 수없이 많은 가상 자산이 익숙하게 거래되었다. 소니Sony는 아예 더 공격적으로 '스테이션 교환'을 공식적인 경매 서비스로 제공한다. 이것은 '게이머들에게 게임 코인, 아이템, 캐릭터 등의 사용권을 SOE의 라이선스 계약, 규정, 지침에 부합하게 사고팔 수 있는 (내 사상대로, 달러로) 안전한 방법을 제공한다.' (http://stationexchange.station.sony.com/) 가상 자산의 소유권이 합법적으로 확립되고 나면, 다음 단계는 재산권 분쟁의 등장을 억제하는 것이다. 이런 일은 이미 일어나고 있다. 2006년 5월에 펜실베이니아의 한 변호사는 수만 달러의 가치가 있는 자신의 가상 영토와 여타 재산을 부당하게 압류했다고 주장하면서 〈세컨드라이프〉의 게임 공급자를 고소했다. 동네 슈퍼마켓에서 아무나 살 수 있는 반려동물 보험에 비견될 수 있는, 소위 아바타 위험 방지용 보험이 출시될 수도 있을 것이다. 이번에도 〈워크래프트〉가 훌륭한 사례를 제공한다. 세계 최대의 MMORPG인 〈워크래프트〉는 현재 약 1200

만 명의 월간 구독자를 거느리고 있는데(2009), 이는 인구수로 따질 때 전 세계 221개 국가 및 부속 영토의 순위 목록에서 71번째에 위치하는 셈이다. 자신들의 디지털 소유물을 건설하여 풍요롭고 품위 있게 꾸미는 데 수십억 시간 어치의 노동량을 소비하고 있는 (그리고 앞으로도 소비할) 이 게임 이용자들은 그런 재산을 보호하는 데 몇 달러 정도의 비용은 기꺼이 치를 의향이 있을 것이다.

ICT는 실제로 새로운 정보 환경을 창조하고 있으며, 미래 세대는 그 환경에서 더 많은 시간을 보내게 될 것이다. 예를 들면, 영국인은 이미 평균적으로 TV 시청보다 온라인에서 더 많은 시간을 보내고 있으며, 미국 성인은 벌써 인포스피어에서 연간 거의 다섯 달에 해당하는 시간을 소비한다. 그런 인구의 연령대는 빠르게 높아지고 있다. 예를 들어, '오락 소프트웨어 협회Entertainment Software Association'에 따르면, 2008년에 게임 이용자의 평균 나이는 35세였고, 이들이 게임을 즐겨온 기간은 평균 13년이었으며, 가장 빈번하게 게임을 구매하는 사람들의 평균 연령은 40살이었다. 50세가 넘는 미국인 중 26%가 비디오 게임을 즐겼고 그 수치는 1999년에 비해 9% 증가한 것이다.

인포스피어의 삶

중요한 몇 가지 예외에도 불구하고(예를 들면, 고대 문명의 항아리와 금속 도구, 판화, 그리고 그다음에는 구텐베르크 이후의 책들), 유일무이한 대상들이 존재하는 세계에서 대상의 유형들이 존재하는 세계로 가는 통로를 확실히 보여준 것은 산업 혁명이었다. 모든 것이 무엇이든 똑같이 완벽히 재생산되고, 그럼으로써 그것들을 식별할 수 없고, 그래서 그것들이 허용하는 상호작용의 범위 내에서 어떤 손실도 없이 서로를 대체할 수 있으므로 결국 그것들은 없어도 무방한 것이 된다. 우리의 선조가 말 한 마리를 샀을 때는, 이 말 혹은 저 말을 산 것이지, '말the horse'을 산 것이 아니다. 오늘날 우리는 같은 모델의 자동차 두 대가 거의 똑같을 수 있으며, 그래서 어떤 모델을 사라고 권유받는 것이지 그 모델의 개별적인 '체현물'을 사라고 권유받는 것이 아님을 명백히 안다. 실제로 우리는 수리가 곧 교체의 동의어로 여겨지는 대상들의 상품화를 향해 빠르게 이동하고 있다. 심지어 그 대상이 빌딩 한 채라 해도 마찬가지다. 그러자 이에 대한 보완으로 정보적인 상표 붙이기와 재점유를 우선시하는 경향이 나타났다. 자기 자동차 창문에 스티커를 붙이는 사람은 자신의 개인주의를 지키기 위한 전투를 치르는 것이다. 그러지 않으면 자신의 자동차는 수천 대의 다른 자동차와 완벽하게 같은 차일 뿐이다. 정보 혁명은 이 과정을 한층 더 악화시켰다. 우리의 윈도우쇼핑이 '윈도우즈 쇼핑Windows-shopping'[2]이 되어 실제로 거리를 따라 걷는 것이 아니라 단지 웹 검색을 의미하게 되면서, 인격 동일성에 대한 감각도 마찬가지로 퇴색하기 시작한다. 유일무이하고 대체할 수 없는 존재자로서의 개인들 대신에, 우리는 대량 생산된 익명의 존재자들에 섞여 있는 익명의 유기체가 되어 온라인상의 다른 수십억의 유사한 정보 유기체에 노출된다. 그래서 우리는 인포스피어에서 블로그와 페이스북 항목과 홈페이지와 유튜브 영상과 플리커 앨범을 이용해 자신에게 스스로 상표를 붙이고 자기 자신을 재점유한다. 〈세컨드라이프〉가 갖가지 패션 열광자들의 천국이 되어야 했던 것도 완벽하게 합당한 일이다. 그것은 디자이너와 창조적 예술가를 위한 새롭고 유연한 플랫폼을 제공할 뿐만 아니라, 이용자(아바타)가 자기 정체성과 개인적 취향의 가시적 기호들을 획득해야 한다는 강한 압박을 느끼기에 딱 들어맞는 맥락이기도 했기 때문이다. 마찬가지로 프라이버시 사회가 프라이버시의 권리를 매우 중시한다는 사실과 페이스북 같은 서비스의 성공 사이에는 비일관성이 존재하지 않는다. 우리는 정보적인 면에서 익명성이 덜한 존재가 되기 위해 자신에 관한 정보를 활용하고

---

2 대표적인 컴퓨터 운영 시스템인 '윈도우즈'에 빗대어, 컴퓨터를 통한 온라인 쇼핑을 가리키는 조어.

노출한다. 우리는 나 자신을 다른 이들의 눈에 띨 수 있는 개인으로 꾸며내기 위해 공개적으로 투자할 수 있는 귀중한 자본을 축적하는 거의 유일한 방법이기라도 한 것처럼 정보 프라이버시의 수준을 높게 유지하고 싶어 한다.

내가 방금 개괄한 것과 같은 과정들은 정보 혁명이 일으킨 훨씬 더 심원한 형이상학적 동향의 일부이다. 지난 10여 년 동안 우리는 인간 행위자들이 디지털 환경에 진화적으로 적응했다고 보는 측면과 우리가 포스트모던한 방식으로 그 공간을 일종의 신新식민지로 삼았다고 보는 측면이 혼재된 상태로 우리의 온라인 삶을 개념화하는 데 익숙해졌다. 하지만 진실을 말하자면, ICT는 우리의 세계를 바꾼 것 못지않게 새로운 실재를 창조하고 있다. 여기(아날로그, 탄소 기반, 오프라인)와 거기(디지털, 실리콘 기반, 온라인) 사이의 문턱은 빠르게 닳고 있지만, 그것은 후자에 이익이 되는 것 못지않게 전자에도 이익이다. 디지털은 아날로그 쪽으로 흘러넘쳐 들어가 그쪽과 통합되고 있다. 이런 최근의 현상은 '유비쿼터스 컴퓨팅 Ubiquitous Computing', '환경지능Ambient Intelligence', '사물 인터넷the Internet of Things', '웹 증강 사물Web-augmented things' 등으로 다양하게 알려져 있다.

인공물을 비롯해 전체 (사회) 환경과 삶 속 활동들의 점증하는 정보화가 암시하는 것은, 정보화 이전 시대에는 도대체 사람들이 어떻게 살았을까를 이해하기가 금세 어려워지리라는 것과(예를 들면 2000년에 태어난 사람에게, 세계란 원래부터 무선으로 연결되어 있었던 것처럼 여겨질 것이다), 가까운 미래에 온라인과 오프라인의 구분 자체가 사라지리라는 것이다. GPS의 지시에 따라 자동차를 운전하는 일상의 경험은 우리가 장차 온라인에 있게 될지 말지를 묻는 것이 얼마나 무의미한 질문이 될 것인가를 명확히 해준다. 더 극적으로 표현하자면, 인포스피어는 다른 모든 공간을 점점 흡수해가고 있다. (빠르게 다가오는) 미래에는 점점 더 많은 대상이 IT존재자ITentity가 되어 학습하고, 조언하고, 서로 대화할 수 있게 될 것이다. 무선주파수인식Radio Frequency IDentification, RFID 태그가 훌륭한 한 가지 사례를 제공한다(하지만 이것은 단지 사례일 뿐이다). 이것은 한 대상에서 얻은 데이터를 저장하고 원격으로 검색해서 이를테면 바코드처럼 그 대상에 독특한 정체성을 부여할 수 있는 장치이다. 태그의 면적은 0.4제곱밀리미터라서 종이보다도 얇다. 이 작은 마이크로칩을 인간과 동물을 포함해 모든 사물에 집어넣으면 그것이 곧 IT존재자의 창조인 것이다. 이것은 공상과학 소설이 아니다. 시장조사 회사인 인스탯InStat 의 보고서에 따르면, 전 세계적으로 RFID의 생산이 2005년과 2010년 사이에 25배 이상 증가해서 330억 개에 달할 것이다. 이들 330억 개의 IT존재자가 수억 개의 PC, DVD, 아이팟, 그리고 여타의 가용한 ICT 장비들 모두와 함께 네트워크를 이루고 있다고 상상해보라. 그러면 인포스피어가 더는 '저기'가 아니라 바로 '여기'에 있으며 바로 여기에 정착해 있다는 말이 실감이 날 것이다. 우리의 나이키 센서와 아이팟은 이미 서로에게 말을 걸고 있다(http://www.apple.com/ ipod/ nike/).

지금 더 나이 든 세대는 아직도 정보 공간을 로그인하고 로그아웃하는 그 무엇으로 여기고 있다. 우리의 세계관(우리의 형이상학)은 여전히 근대적 혹은 뉴턴적이다. 그 세계는 상호작용하지 않고, 응답하지 않고, 대화나 학습이나 기억을 할 수 없는 '죽어 있는' 자동차, 건물, 가구, 옷으로 이루어져 있다. 그러나 우리가 아직은 오프라인으로 경험하고 있는 세계도 진보한 정보 사회에서는 온 세상에 빠짐없이 분포하여 무선으로 이어진 소위 'a2a'(만물에서 만물로anything to anything)의 정보 과정들이, 'a4a'(언제 어디서나anywhere for anytime) 실시간으로 작동하는, 그야말로 완벽하게 상호작용하고 더 즉각적으로 반응하는 환경이 되어갈 수밖에 없다. 그런 세계는 처음에는 그것을 'a-live'한(인공적으로 살아 있는artificially live) 무언가로 이해할 것을 우리에게 점잖게 권유할 것이다. 세계가 얻게 될 이러한 **생기** 덕분에 결국 역설적으로 우리의 시각은 목적론적 힘이 자연의 모든 측면에 깃들어 있다고 해석한 전前기술 문화들의 시각에 더 가까워질 것이다.

이것은 우리의 형이상학을 정보의 어휘들로 다시 개념화하는 것으로 이어진다. 앞으로는 세계를 인포스피어의 일부로 여기는 것이 보통의 태도가 될 것이다. 그것은 〈매트릭스〉 같은 영화 시나리오가 표현하는 디스토피아적인 의미에서가 아니다. 거기서는 여전히 '진짜 실재'가 그 안에 거주하는 기계의 금속만큼이나 단단한 것으로 여겨진다. 그보다는 〈고스트 인 더 쉘Ghost in the Shell〉에 등장하는 뉴포트시티New Port City 같은 공상적인 후기-인공두뇌학적 거대도시의 환경이 상징하는 진화적이고 혼종적인 의미에서가 더 가깝다. 인포스피어는 진정한 의미의 '물질' 세계가 배후를 뒷받침하는 그런 가상 환경은 아니게 될 것이다. 오히려 세계는 인포스피어의 일부로서 점점 더 정보적으로 해석될 것이고 그래서 결국은 인포스피어가 세계 그 자체가 될 것이다. 이런 전환의 마지막 단계에서 '인포스피어'라는 말은 정보 공간을 지칭하는 하나의 방식에서 그냥 '실재'와의 동의어로 의미가 바뀌어 있게 될 것이다. 이것이 바로 앞으로 우리가 점점 더 쉽게 받아들이고 있음을 깨닫게 될 정보 형이상학이다.

일상 환경에서 벌어지는 그런 변환의 결과로서 우리는 앞으로 점점 더 **동시적이고**(시간상), **특정 위치에 있지 않고**(공간상), **상호 연결되어 있을**(상호작용) 인포스피어에 살고 있게 될 것이다. 이전의 혁명들(특히, 농경 혁명과 산업 혁명)은 우리의 사회 구조와 건축 환경에서 거시적인 변환을 창조했으며, 대개는 그런 앞날을 제대로 내다보지 못했다. 정보 혁명도 그에 못지않게 극적이다. 우리가 미래 세대가 거주할 새로운 환경을 건설하고 있다는 사실을 진지하게 받아들이지 않는다면 우리는 곤경에 빠질 것이다. 이 책의 마지막 부분에서 보게 되겠지만, 만약 우리가 눈에 뻔히 보이는 문제들을 피하고 싶다면, 아마도 인포스피어의 생태학을 연구해야 할 것이다. 인포스피어가 평범한 공간이며 모두의 이익을 위해 보존되어야 할 필요가 있다는 사실을 깨닫는 데는 불행히도 시간, 그리고 전적으로 새로운 유형의 교육 및 감수성이 요구될 것이다. 물론 한 가지는 의심할 수 없는 듯하다. 디지털 격차는 갈라진 틈새가 되어, 인포스피어의 주민이 될 수 있는 사람과 그러지 못하는 사람 사이에, 내부자와 외부자 사이에, 정보 부자와 정보 빈자 사이에 새로운 형태의 차별을 양산할 것이다. 그로 인해 세계적으로 사회의 지도가 다시 설계될 것이며, 세대 간·지리상·사회경제적·문화적 격차들이 양산되거나 확대될 것이다. 그러나 그 간격이 산업 국가와 개발도상 국가 사이의 거리로 환원될 수 있는 문제는 아닐 것이다. 그 간격은 사회들을 가로질러 생겨날 것이기 때문이다. 우리는 지금 내일의 디지털 슬럼의 지반을 다지는 셈이다.

2장

정보의 언어

정보는 개념적인 측면에서 미로와 같다. 이번 장에서 우리는, 나아갈 방향들을 찾는다는 목적 아래 그 미로의 전반적인 지도를 살펴보게 될 것이다. 그림 2는 앞으로 소개될 주요한 구분 방식들을 정리한 것이다. 일부 영역은 뒤이은 장들에서 더 깊게 탐구될 것이다.

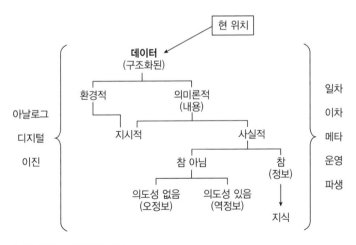

[그림 2] 정보 개념들의 지도

지도상의 다양한 지점들을 헤쳐나간다면 당연히 그것이 직선적인 여정이 되지는 않을 것이기에, 몇 가지 기본 사례를 활용하여 그리 분명치 않은 단계들을 설명하는 것이 우리의 방향성을 유지하는 데 도움이 될 것이다. 우리가 앞으로 자주 되풀이할 이야기는 바로 이것이다.

오늘은 월요일 아침이다. 존이 자동차 시동키를 돌린다. 하지만 아무 일도 일어나지 않는다. 엔진에서는 쿨럭거리는 소리조차 나지 않는다. 그는 조용한 엔진이 걱정스럽다. 더 주의 깊게 살펴본 그는 배터리 방전 표시등에 불이 들어와 있는 것을 알아챈다. 몇 차례 추가 시도가 실패로 돌아가자 그는 포기하고 정비소에 전화를 건다. 그는 전화를 들고 지난밤 아내가 전조등 끄는 것을 깜빡했다고 설명한다. 거짓말이다. 본인이 그랬다. 하지만 그는 너무 창피해서 그 사실을 인정하지 않는다. 어쨌거나 지금 배터리는 방전이다. 정비공은 존에게 그 자동차의 사용설명서를 찾아봐야 한다고 말해준다. 엔진을 가동하기 위해 배터리 충전 케이블을 어떻게 사용해야 하는지 그 책자에 설명되어 있다는 것이다. 운 좋게도 이웃이 존에게 필요한 모든 장비를 갖추고 있다. 그는 설명서를 읽고, 그림들을 살펴보고, 이웃에게 연락하고, 지시사항을 따라서, 문제를 해결하고, 마침내 차를 운전해 출근한다.

이 일상생활의 일화가 우리의 '만능열쇠'가 될 것이다. 정보를 이해하는 많은 방식을 설명하기에 충분할 정도로 상세한 내용을 제공하기 때문이다. 이제 우리의 첫 단계는 정보를 데이터를 통해 정의하는 일이 될 것이다.

데이터 기반의 정보 정의

지난 수십 년에 걸쳐 **데이터+의미**를 통해 제시되는 '정보의 일반 정의General Definition of Information, GDI'가 통상적인 정의가 되어 있는 상태이다. GDI는 운용 기준이 되었고, 특히 데이터와 정보를 실체를 지닌 존재자들, 즉 조작될 수 있는 대상들로 취급하는 분야들에서는 더 그렇다(예를 들어, 이제는 평범한 표현이 된 '데이터 채굴'과 '정보 관리' 같은 표현을 생각해보라). GDI를 직설적으로 공식화하는 방식은 그것을 일종의 삼중 정의로 만드는 것이다(표 1).

[표 1] **정보의 일반 정의(GDI)**

GDI) σ는 다음과 같은 경우 그리고 오로지 그 경우에만 의미론적 내용으로서 이해되는 정보의 한 예화이다.

GDI.1) σ는 n개의 데이터로 구성된다(여기서 n≧1).

GDI.2) 그 데이터는 **잘 형성된** 것이다.

GDI.3) 그 잘 형성된 데이터는 **유의미하다.**

(GDI.1)에 따르면 정보는 데이터로 만들어진다. (GDI.2)에서 '잘 형성된well formed'이라는 말은 데이터가 선택된 시스템이나 코드나 사용된 언어를 제어하는 규칙(구문론)에 따라 올바르게 합쳐졌다는 의미다. 여기서 구문론은 단지 언어학적인 의미로만이 아니라, 더 폭넓게 형식, 조직, 구성, 무언가의 구조화 등을 결정짓는 것으로 이해되어야 한다. 엔지니어, 영화감독, 화가, 체스선수, 정원사는 이런 넓은 의미로 구문론을 이야기한다. 우리의 사례에서 그 자동차의 사용설명서는 자동차를 별도 배터리에 연결하여 시동을 거는 방법에 관한 2차원적인 그림을 보여줄 수 있을 것이다. 그림을 이용한 이런 구문론(평행선들의 수렴을 통해 공간을 표상하는 선형 조망을 포함하여)은 그 삽화를 사용자에게 잠재적으로 의미 있게 만든다. 같은 사례에 계속 의존하자면, 실제 배터리가 제대로 작동하기 위해서는 올바른 방식으로 엔진에 연결될 필요가 있다. 이것도 역시 그 시스템의 올바른 물리적 설계에 기초한 구문론이다(그래서 접속이 끊긴 배터리는 구문론적 문젯거리이다). 그리고 물론 존이 이웃과 나눈 대화도 그들 언어의 문법 규칙을 따른다. 이것은 일상적인 언어적 의미의 구문론이다.

(GDI.3)에 관하여 말하자면, 여기가 드디어 의미론이 발생하는 지점이다. '유의미'라는 말은 그 데이터가 문제의 그 선택된 시스템, 코드, 언어 등의 의미들(의미론)에 부합해야 한다는 뜻이다. 이번에도 역시 의미론적 정보가 반드시 언어적

일 필요는 없다. 예를 들면, 그 자동차의 사용설명서에서 삽화들은 녹자에게 시각적으로 유의미하게 여겨진다.

어떻게 데이터가 자연 언어 같은 기호 체계 내에서 배정된 의미와 기능을 갖게 되는지는 이른바 **심벌그라운딩** 문제symbol grounding problem로 알려진, 의미론의 가장 어려운 문제 중 하나다. 하지만 다행히 여기서는 그 문제를 그냥 넘어갈 수 있다. 지금 명확히 해둘 만한 가치가 있는 유일한 요소는 정보를 구성하는 데이터는 정보수신자informee와 상관없이 별개로 유의미할 수 있다는 점이다. 다음 사례를 고려해보라. 로제타석에는 같은 구문이 이집트 상형문자, 이집트 민용民用 문자, 그리고 고전 그리스어라는 세 가지 말로 쓰여 있다. 로제타석이 발견되기 이전에도 이집트의 상형문자는 비록 어떤 해석자도 그 의미를 이해하지 못했으나 이미 정보로 여겨졌다. 그리스어와 이집트어의 인터페이스를 발견하게 된 것은 상형문자의 의미론이 아니라 그것의 **접근성**에 영향을 미쳤다. 정보수신자와는 무관하게 정보매개자information-carriers에 실려 있는 유의미한 데이터에 대해 말할 수 있다는 것은 일리가 있는 생각이다. 이것은 데이터가 지적인 정보생산자나 정보송신자와 상관없이 독립적으로 그 나름의 의미론을 가질 수 있다는 더 강한 논제와는 매우 다르다. 그것은 **환경적 정보**environmental information로도 알려져 있으나, 이를 논의하기에 앞서 먼저 데이터의 본성을 더 잘 이해할 필요가 있다.

데이터 이해하기

테이터의 가장 근본적인 성격을 밝혀내는 한 가지 좋은 방법은 데이터를 지우고, 손상시키고, 상실한다는 것이 무슨 의미인지 이해해보고자 노력하는 것이다. 미지의 언어로 쓰인 어떤 책의 지면을 상상해보라. 그 데이터가 그림문자의 형식으로 되어 있다고 가정하자. 규칙적인 패턴들은 어떤 구조화된 구문론을 준수하고 있음을 암시한다. 우리는 모든 데이터를 갖고 있으나 그것의 의미를 알지 못한다. 그러므로 우리에겐 아직 아무런 정보도 없다. 이제 그림문자의 절반을 지워보자. 우리는 이번에도 역시 데이터를 절반으로 줄였다고 말할 수 있다. 만일 이 지움의 과정을 계속해 나가서 오로지 하나의 그림문자만 남았어도, 여전히 우리는 데이터란 모종의 표상을 요구한다거나 혹은 그런 표상과 동일시될 수 있다고 말하고 싶은 마음이 들지 모른다. 그러나 이제 그 마지막 그림문자를 마저 지워보자. 우리에게는 백지만 남겨지겠지만 그래도 데이터가 전혀 없는 것은 아니다. 왜냐하면 지금 눈앞에 나타난 그 백지와, 무언가가 쓰여 있거나 쓰였을 수 있었던 지면과의 차이가 존재하는 한, 그 백지 한 장도 여전히 하나의 데이터이기 때문이다. 이를 '묵시적 동의'라는 흔히 보는 현상과 비교해보라. 침묵, 즉 지각 가능한 데이터가 없는 그 상태는 어떤 소리가 들릴 때 못지않게 하나의 데이터가 될 수 있다. 그것은 이진법 체계의 '0'과 매우 유사하다. 우리의 사례에서 손이 자동차 엔진에서 어떤 소리도 들리지 않자 얼마나 걱정했는지 상기해보라. 그러한 소리의 결여도 정보적이었다. 사실을 말하자면, 모든 데이터의 진정하고도 완벽한 삭제는 오로지, 가능한 모든 차이를 제거함으로써만 성취될 수 있다. 이것은 어째서 데이터가 궁극적으로 **균일성의 결여**lack of uniformity로 환원될 수 있는지를 분명히 말해준다. 도널드 매크리먼 매케이Donald MacCrimmon MacKay(1922~1987)가 '정보란 차이를 만드는 구별 짓기이다'라고 적었을 때 그는 바로 이 점을 강조했다. 그레고리 베이트슨Gregory Bateson(1904~1980)이 그의 뒤를 이었는데, 그가 내세운 구호가 비록 덜 정확하기는 하지만 더 널리 알려져 있다. '사실상 우리가 정보라는 말로 의미하는 것, 즉 정보의 기초 단위는 차이를 만드는 차이이다.' 더 형식적으로 말하자면, **차이의 해석**diaphoric inter-pretation(디아포라diaphora는 그리스어로 '차이'를 뜻한다)에 따를 때 데이터에 대한 일반 정의는 다음과 같다.

Dd) 데이터 =def. x가 y와 구별되는데, 여기서 x와 y는 두 개의 해석되지 않은 변항들이고 변역變域 domain과 '구별됨' 관계는 추가적인 해석에 열려 있다.

이런 데이터의 정의를 세 가지 주요한 방식으로 적용해볼 수 있다.

첫째, 데이터는 실제 세계에 있는 균일성의 결여들일 수 있다. 그런 '야생의 데이터'를 가리키는 구체적인 이름은 없다. 우리는 그것을 그리스어로 '데이터'를 뜻하는 **디도메나**(dedo-mena라 칭할 수 있을 것이다('데이터'라는 단어는 유클리드가 '디도메나'라고 제목 붙인 책을 라틴어로 번역하면서 나온 말임을 주목하라). 디도메나를 이번 장의 뒷부분에서 논의할 **환경적 정보**와 혼동해서는 안 된다. 디도메나는 순수한 데이터, 즉 해석되거나 인지 처리 과정의 대상이 되기 이전 상태의 데이터를 가리킨다. 그것은 직접 경험되지는 않지만, 경험을 통해 그것의 현존이 경험적으로 추론되고 요구된다. 그것은 우리의 정보가 어쨌든 가능해지려면 세계 안에 반드시 존재해야 하는 것이기 때문이다. 예를 들면, 검은 배경에 비치는 붉은 빛처럼, 무엇이건 세계 내의 어떤 균일성 결여가 데이터(우리 같은 정보 유기체에 그렇게 보이는 것)의 원천이라고 한다면 디도메나가 바로 그러한 것들이다. 나는 5장에서 이 점을 다시 다룰 것이다. 거기서 우리는 일부 연구자들이 데이터 없이 정보란 있을 수 없다는 논제를 받아들일 수 있으면서도 정보가 물질적 본성을 가져야 한다는 논제는 거부할 수 있음을 보게 될 것이다.

둘째, 데이터는 적어도 어떤 시스템의 두 개의 물리적 상태들 혹은 **신호**signal들(의 지각) 사이에 존재하는 균일성의 결여들일 수 있다. 배터리의 높거나 낮은 충전 상태, 전화 통화의 다양한 전기 신호, 혹은 모스 부호의 점과 선 같은 사례들이 이에 포함된다.

마지막으로 데이터는 두 개의 **기호**symbol들 사이의 균일성 결여들일 수 있다. 예를 들면, 로마자 알파벳에서 문자 B와 P가 그렇다.

보통의 해석에 따라서 말하자면 첫째에서 말한 디도메나는 둘째에서 말한 신호와 같거나 혹은 그 신호를 가능케 하는 것일 수 있으며, 둘째에서 말한 신호는 마지막에 말한 기호를 코딩할 수 있게 하는 것들이다.

정보가 구문론적으로 잘 형성된 데이터의 발생에 의존하고 데이터가 물리적으로 다양하게 구현 가능한 차이들의 발생에 의존한다는 것은 어째서 정보가 자신의 기반이 되는 것들과 그렇게 쉽게 분리될 수 있는지를 설명해준다. 데이터가 코딩되고 그럼으로써 정보가 코딩되는 **포맷, 매체, 언어**가 실제 무엇인지는 대체로 별 상관이 없고 그냥 무시해도 괜찮다. 특히 같은 데이터/정보가 종이에 새겨지거나 스크린에 비춰질 수 있으며 영어로 코딩되거나 어떤 다른 언어로 코딩될 수도 있다. 기호나 그림으로 표현될 수도 있고 아날로그나 디지털로도 표현될 수 있다. 마지막 구분은 가장 중요하고 더 명료하게 해둘 가치가 있다.

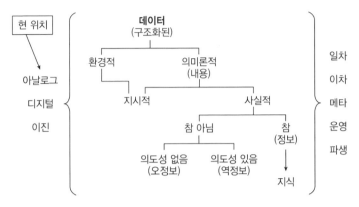

[그림 3] **아날로그, 디지털, 이진 데이터**

아날로그 데이터 대 디지털 데이터

아날로그 데이터와 그것을 코딩하거나, 저장하거나, 처리하거나, 전송하는 시스템은 연속적으로 변화한다. 예를 들어, LP 음반은 녹음된 소리에 상응하는 기계적이고 연속적인 데이터를 저장하기 때문에 아날로그적이다. 반대로 디지털 데이터 및 그에 관련된 시스템은 서로 다른 단계들, 예를 들면, 켜기/끄기, 고전압/저전압 등의 단계들 사이에서 불연속적으로 변화한다. 예를 들어, CD가 디지털적인 이유는 그것이 소리를 일련의 피트pit(시디 표면에 나선형으로 감겨 있는 돌기들)와 랜드land(피트들 사이의 영역)로 변환하여 저장하기 때문이다. CD는 단지 정보를 기록하는 것이 아니라 코딩한다.

　우주에 대한 우리의 이해는 단지 디지털이거나 불연속적이거나 오톨토톨한 관념(자연수, 동전의 앞뒷면, 일주일의 요일들, 축구팀이 기록한 골들 등등)만이 아니라 아날로그적이거나 연속적이거나 매끈매끈한 수많은 관념(고통이나 쾌락의 강도, 실수實數, 연속 함수, 미분 방정식, 파장, 힘의 장, 시간 연속체 같은)에도 단단히 기반을 두고 있다. 컴퓨터는 흔히 디지털 즉 불연속적 정보 시스템으로 보이지만, 그것이 전적으로 옳은 말은 아니다. 이유는 두 가지다. 튜링이 언급한 것처럼,

> 디지털 컴퓨터는 […] 어쩌면 '불연속 상태 기계'에 속하는 것으로 분류될 수 있을 텐데, 이런 기계들은 갑작스러운 점프나 클릭을 통해 하나의 매우 확정적인 상태에서 또 다른 그런 상태로 이동한다. 이런 상태들은 그들 사이의 혼동 가능성을 무시해도 좋을 만큼 서로 다르다. 엄밀히 말하자면 그런 기계란 존재하지 않는다. 모든 것은 실제로는 연속적으로 움직인다. 그러나 불연속 상태 기계들로 유익하게 여겨질 수 있는 많은 종류의 기계가 존재한다.

그리고 아날로그 컴퓨터가 존재한다. 이것은 연속적으로 변화하는 물리 현상들의 상호작용을 통해 계산을 수행한다. 이를테면, 해시계의 눈금판 위에 있는 바늘이 드리우는 그림자, 모래시계 안에 있는 모래나 물시계 안에 있는 물이 보여주는 거의 규칙적인 흐름, 수학적으로 일정하게 움직이는 진자 운동 같은 경우들이다. 분명히, 어떤 특정 물질의 사용이

나 어떤 특정 물리 현상에 대한 의존이 정보 시스템을 아날로 그로 만드는 것은 아니다. 그 시스템의 작동이, 그에 사용된 물질이 고체든 액체든 기체든 그 무엇이든 상관없이, 그 물질의 연속적이고 물리적인 변환의 측정을 통해 직접 결정된다는 사실이 그렇게 만드는 것이다. 연속적으로 변화하는 전압을 이용하는 아날로그 컴퓨터들이 있으며, 튜링 기계(우리의 개인용 컴퓨터를 논리적으로 이상화한 모델)는 디지털 컴퓨터지만 전기적이지 않을 수도 있다. 아날로그 컴퓨터의 물리적 본성상 그것은 실시간으로(즉, 실제 세계의 시간에 상응하는 시간으로) 작동하며, 따라서 사건들을 발생한 그대로 사건의 시간과 계산의 시간 사이의 일대일 관계 속에서 감시하고 통제하는 데 사용될 수 있다(모래시계를 생각해보라). 하지만 아날로그 컴퓨터는 그러한 본성 때문에 다용도 기계가 될 수는 없으며 반드시 전문 영역에 특화된 장비로서만 제구실을 할 수 있을 뿐이다. 아날로그 데이터는 회복력이 매우 크다는 것이 장점이다. LP 음반은 설령 흠집이 생겨도 계속해서 재생할 수 있다.

이진 데이터

디지털 데이터는 이진 데이터라고도 불린다. 그것은 보통 비트bit, binary digits라고 불리는 단 두 개의 기호들의 조합을 통해 0과 1의 연쇄들로 코딩되기 때문이다. 이것은 모스 부호의 점과 장음에 비견할 만하다. 예를 들면, 이진법에서 수 3은 11로 쓴다(표 2를 보라). 이진수에서 자릿수의 값은 오른쪽에서 왼쪽으로 이동할 때마다 2의 제곱(두 배)만큼 증가하기 때문에(즉, 왼쪽으로 이동하면서 ……16, 8, 4, 2, 1배로 차례차례 증가한다는 말이다. 물론 반대 방향으로 1, 2, 4, 8, 16……배로 증가하게 할 수도 있었지만, 이진법 시스템은 아랍어에 경의를 표하면서 오른쪽에서 왼쪽으로 써나간다는 점에 유의하라), 11은 $(1 \times 2) + (1 \times 1)$을 의미하며 십진법 시스템에서는 더해서 3이 된다. 마찬가지로 6을 이진법 방식으로 계산하면 $(1 \times 4) + (1 \times 2) + (0 \times 1)$과 동치가 되어, 110으로만 표현될 수 있음을 알 수 있다.

[표 2] 양의 정수에 대한 이진 표기법과 십진 표기법

	십진 표기법			
…	$10^3 = 1000$	$10^2 = 100$	$10^1 = 10$	$10^0 = 1$
사과 1개				1
사과 2개				2
…				
사과 6개				6
…				
사과 13개			1	3
…				

	이진 표기법			
…	$2^3 = 8$	$2^2 = 4$	$2^1 = 2$	$2^0 = 1$
사과 1개				1
사과 2개			1	0
…				
사과 6개		1	1	0
…				
사과 13개	1	1	0	1
…				

하나의 비트는 가장 작은 정보 단위이며, 그저 하나의 신호 0 혹은 1이 현존하거나 부재한다는 의미다. 8비트의 묶음이 1바이트('by eight'에서 나온 말)를 형성하며, 바이트들을 결합함으로써 256(2^8)개의 문자character를 표현하는 표를 생성하는 것이 가능해진다. 그래서 데이터의 문자 각각은 8비트의 패턴으로 저장될 수 있다. 가장 널리 사용되는 이진 코드는 ASCIIAmerican Standard Code for Information Interchange로 알려져 있다. 이 코드는 8개 중 7개의 비트에만 의존하므로 128(2^7)개 문자의 표로 이루어진다. 컴퓨터가 'GOD'라는 철자를 이진 코드로 적는 방식은 이렇다.

<u>01000111</u><u>01001111</u><u>01000100</u> (표 3)

[표 3] 이진 인코딩의 사례

G	off=0	on=1	off=0	off=0	off=0	on=1	on=1	on=1
O	off=0	on=1	off=0	off=0	on=1	on=1	on=1	on=1
D	off=0	on=1	off=0	off=0	off=0	on=1	off=0	off=0

그렇다면 바이트의 양은 이진 시스템에 따라 이렇게 계산된다.

- 1킬로바이트Kilobyte, KB=2^{10}=1,024바이트
- 1메가바이트Megabyte, MB=2^{20}=1,048,576바이트
- 1기가바이트Gigabyte, GB=2^{30}=1,073,741,824바이트
- 1테라바이트Terabyte, TB=2^{40}=1,099,511,627,776바이트 등

예를 들어 컴퓨터의 무작위접근메모리장치random-access memory, RAM의 정확한 용량이 결코 어림잡은 값이 아닌 이유가 바로 이것이다.

데이터를 인코딩하는 이진 시스템은 적어도 세 가지 장점이 있다. 첫째, 비트는 의미론적으로도(참/거짓을 의미한다), 수리-논리적으로도(1/0을 가리킨다), 그리고 물리적으로도(트랜지스터 = 켜기/끄기, 스위치 = 개/폐, 전기 회로 = 고전압/저전압, 디스크나 테이프 = 자기화/부자기화, CD = 피트의 현존/부재 등) 똑같이 잘 나타내어질 수 있으며, 따라서 의미론, 수리논리학, 그리고 물리학과 회로 공학과 정보 이론이 한데 수렴할 수 있는 공통 근거를 제공할 수 있다.

이것은 비트를 물리적으로 인식하고, 그런 인식을 바탕으로 논리적으로 움직이며, 따라서 우리가 유의미하다고 여기는 방식들로 데이터를 조작할 수 있는 기계를 만드는 일이 가능하다는 것을 의미한다(두 번째 장점). 이것은 결정적인 사실이다. 모든 사람이 논쟁의 여지가 없이 컴퓨터에 부여할 의향이 있는 유일한 지능적 일면은 이진 데이터를 분별하는 컴퓨터 장치와 회로의 능력에 관한 것이다. 만약 컴퓨터가 어쨌든 무언가를 지각한다고 말할 수 있다면 그것은 바로 고전압과 저전압의 차이이며, 컴퓨터 회로들은 그 차이에 따라 움직이도록 프로그래밍된다. 이상한 것은, 앞으로 6장에서 보게 되겠지만, 그 말이 어찌 보면 생물학적인 시스템에도 마찬가지로 적용될 수 있다는 점이다.

　마지막으로, 디지털 데이터는 통상 오로지 두 개의 상태만을 갖기 때문에, 그런 **불연속적인 변화**는 컴퓨터가 자신이 처리할 필요가 있는 것이 무엇인지에 관해 혼란을 일으킬 일은 거의 없으리라는 것을 의미한다. 이는 종종 불만족스럽거나 부정확하게 일을 처리할 수도 있는 아날로그 기계와는 다르다. 무엇보다, 디지털 기계는 어떤 데이터가 불완전한지 아닌지 인식할 수 있으며, 그 덕분에 자기가 처리하고 있는 비트의 양에 관해 문자 그대로 무언가 이상한 점이 있다면 상실했을 수도 있는 데이터를 수학적 계산을 통해 복구할 수 있다.

데이터/정보의 유형들

정보는 서로 다른 데이터 유형들로 이루어질 수 있다. 용어 사용법은 아직도 표준화되거나 고정되지 않았지만, 어쨌든 다섯 가지 분류가 가장 일반적이다. 이 분류는 서로에게 배타적이지 않으므로 우리는 그런 분류를 엄격한 것으로 이해하지 말아야 한다. 상황에 따라, 수행된 분석의 종류에 따라, 그리고 채택된 관점에 따라, 같은 데이터가 서로 다른 분류 방식들에 들어맞을 수도 있다.

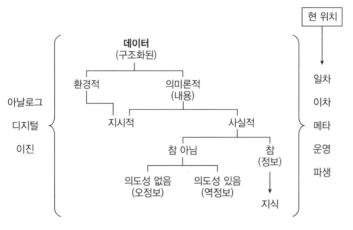

[그림 4] **데이터/정보의 유형**

• **일차 데이터**

일차 데이터Primary data는 데이터베이스에 저장되는 주요 데이터로서, 예를 들면, 단순히 스프레드시트에 배열된 숫자들이나 0과 1의 묶음 같은 것을 말한다. 이것은 이를테면 자동차 배터리를 충전할 필요가 있음을 표시하는 등의 정보 관리 시스템을 설계할 때 일반적으로 사용자에게 정보의 형태로 우선 전달하는 데이터이다. 통상적으로 데이터와 그에 상응하는 정보, 곧 그 데이터가 구성하는 정보에 관해 말할 때, 우리는 암묵적으로 **일차** 데이터/정보가 문제의 바로 그 데이터/정보라고 가정한다. 그래서 기본적으로 배터리 부족 표시등의 빨간불이 들어온 것은 일차 정보를 전달하는 일차 데이터의 예화로 추정하지, 첩보원에게 전달하는 어떤 비밀 메시지 같은 것으로 여기지는 않는다.

• 이차 데이터

이차 데이터Secondary data는 일차 데이터의 역으로서 일차 데이터의 부재로 인해 만들어진다. 처음에 존이 어떻게 배터리 방전을 의심했는지 떠올려보라. 엔진이 어떤 소리도 내지 않았고, 그 바람에 방전된 배터리에 관한 이차 정보가 제공된 것이었다. 마찬가지로 코난 도일의 추리소설 〈실버 블레이즈 Silver Blaze〉에서 셜록 홈스는 다른 사람 모두가 놓쳤던 무언가를 포착함으로써 사건을 해결한다. 바로 개의 이례적인 침묵이다. 분명히 침묵은 매우 정보적일 수 있다. 정보의 부재 역시 정보적일 수 있다는 것, 이것이 정보의 독특한 성질이다. 바로 그럴 때 **이차 정보**를 언급하면 그 요점을 부각할 수 있다.

• 메타데이터

메타데이터Metadata는 어떤 다른 데이터(보통은 일차 데이터)의 본성을 표시하는 데이터이다. 이 데이터는 위치, 포맷, 업데이트, 유효성, 사용 제한과 같은 속성들을 기술한다. 이에 상응하여, **메타정보**란 정보의 본성에 관한 정보를 말한다. 간단한 예로 자동차 사용설명서에 대한 저작권 표시를 들 수 있다.

• **운영 데이터**

운영 데이터Operational data는 전체 데이터 시스템의 운영과 그 시스템의 작동에 관한 데이터이다. 이에 상응하여, **운영 정보**란 정보 시스템의 역학 관계에 관한 정보이다. 그 자동차에 노란불이 켜지는 등이 있는데 거기에 불이 들어오면 그 자동차의 점검 시스템이 오작동하고 있음을 표시하는 것이라고 해보자. 노란불이 들어온다는 사실은 배터리 부족 표시등(빨간불이 들어오는)이 제대로 작동하고 있지 않음을 표시하는 것일 수 있으며, 따라서 배터리가 방전되었다는 가설을 약화한다.

• **파생 데이터**

파생 데이터Derivative data란, 예를 들어 비교 분석이나 양적 분석 등을 위해 어떤 데이터로부터 또 다른 데이터를 추출할 때, 추출에 사용된 원래의 데이터 자체가 직접 다루는 내용 이외의 다른 특정 패턴, 단서, 추론적 증거를 찾으려고 그 데이터를 간접적 원천으로 삼게 된 경우의 데이터를 일컫는다. 이 범주를 정확히 정의하기가 어려우니만큼, 우리의 친숙한 사례에 의존하기로 하자. 신용카드는 파생 정보의 흔적을 남기는 것으로 악명이 높다. 존이 특정 주유소에서 연료를 넣은 일과 관련한 신용카드 청구서에서 우리는 특정 시간에 그의 소재에 관한 파생 정보를 취득할 수 있다. 자, 이제 환경적 정보를 살펴볼 준비가 되었다.

환경적 정보

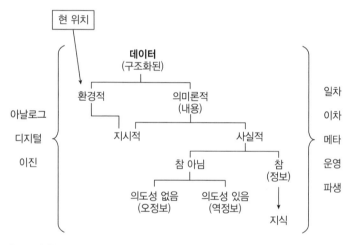

[그림 5] **환경적 데이터/정보**

데이터가 지적인 **정보생산자/정보송신자**와 상관없이 독립적으로 유의미할 수 있다는 가능성을 강조하고 싶을 때 우리는 **환경적 정보**에 관해 말한다. 가장 흔히 인용되는 환경적 정보의 사례 중 하나는 나무를 베었을 때 밑동에서 보이는 일련의 동

심원들이다. 그 원들은 나무의 나이를 추정하는 데 사용될 수 있다. TV 범죄 수사물인 〈CSI: 범죄 현장 수사Crime Scene Investigation〉의 시청자들은 총알의 궤적, 혈액 분사 패턴, 장기 손상, 지문, 그리고 그 밖의 유사 증거에도 아주 익숙해 있을 것이다. 하지만 '환경적' 정보가 자연적일 필요는 없다. 우리의 사례로 되돌아가자면, 존이 자동차 시동키를 돌렸을 때, 배터리 부족 표시등에 빨간불이 들어왔는데, 이런 **공학적인** 신호 역시 환경적 정보의 한 예화로 해석될 수 있다. 보통 그런 신호는 관찰자(정보적 유기체 혹은 정보수신자)에 따라 상대적으로 정의된다. 관찰자는 원래의 데이터 자체에 직접 접근하는 대신 그런 신호에 의존한다. 따라서 환경적 정보는 두 개의 시스템을 요구하게 된다. 그것들을 각각 a와 b라고 부르자. 이 두 시스템은 a에 F라는 특징이 있다는 사실이 b에 G라는 특징이 있다는 사실과 상관관계를 맺는 방식으로 연결되며, 그리하여 두 특징 사이의 연결 관계는 a의 관찰자에게 b는 G라고 말해주게 된다. 간단히 말하자면 이렇다.

[표 4] **환경적 정보**

환경적 정보 $=_{def.}$ 두 시스템 a와 b는 a의 F(유형 혹은 상태)임이 b의 G(유형 혹은 상태)과 상관관계를 맺는 방식으로 연결되며, 그래서 a의 관찰자에게 b가 G라는 정보를 전달함.

표 4의 상관관계는 어떤 법칙이나 규칙을 따른다. 리트머스는 그것의 **자연적인** 사례다. 리트머스는 지의류 식물에서 얻은 생물학적 착색 물질로서 산성 용액에서는 붉어지고, 알칼리성 용액에서는 파래지기 때문에 산성/알칼리성의 표시자로 사용된다. 환경적 정보의 정의에 따라 우리는 리트머스(a)와 시험 용액(b)가 다음과 같은 방식으로 연결된다는 것을 알 수 있다. 즉, 붉어진 리트머스(상태 F에 있는 a)는 산성 용액(유형 G에 해당하는 b)과 상관관계가 있으며, 그래서 리트머스(a)의 관찰자에게 그 용액이 산성이라는 정보(b는 G이다)를 전달한다. 우리의 자동차 예시는 **공학적인** 사례를 제공한다. 배터리 부족 표시등(a)에 불이 들어온(F) 것은 방전된(G) 배터리(b)가 유발한 것이며 그럼으로써 그 방전 상태에 대한 정보를 제공한다.

배터리 부족 표시등에 들어온 불이 배터리 방전에 관한 정보를 전달한다고 보는 데 너무 익숙해져 있어서 환경적 정보와 의미론적 정보를 아주 명료하게 구분하기란 어렵겠다고 생각할 수도 있다. 이를테면, 빨간불이 들어온 것은 배터리 부족을 **의미한다**고도 생각할 수 있는 것이다. 하지만 환경적 정보는 어떤 의미론도 요구하거나 수반하지 않을 수 있다는 점을 강조하는 것이 중요하다. 환경적 정보는 단지 물리적 차이들로 이해된, 상관 있는 데이터의 네트워크나 패턴에 해당하는 것일 수 있다. 예를 들면, 해바라기, 아메바, 광전지 같은 식물, 동물, 메커니즘은 유의미한 데이터를 의미론적으로 처리할 일이 전혀 없겠지만, 그래도 확실히 환경적 정보를 유용하게 이용할 수 있다(6장을 보라).

의미론적 내용으로서의 정보

데이터가 잘 형성되고 유의미할 때, 그 결과물은 또한 **의미론적 내용**이라고도 알려져 있다. 의미론적 내용으로 이해된 정보는 주로 두 가지 종류로 나뉜다. **지시**instructional 정보와 **사실**factual 정보다. 우리의 사례에서 빨간불이 들어온 것은 두 가지 차원의 의미론적 내용으로 번역할 수 있다.

  (a) 이를테면 방전된 배터리를 충전하거나 교체하는 것과 같은, 구체적인 행동의 필요성을 수반하는 지시 정보.
  (b) 배터리가 방전되었다는 사실을 표상하는 사실 정보.

4장에서 주로 (b)를 다룰 것이므로 이번 장은 (a)에 대한 논의로 마무리한다.

지시 정보는 환경적 정보의 유형일 수도 있고 의미론적 내용의 유형일 수도 있다. 그것은 의미가 꼭 필요한 특징인지에 달려 있다. 예를 들어, 컴퓨터 기판에 있는 논리 게이트들은

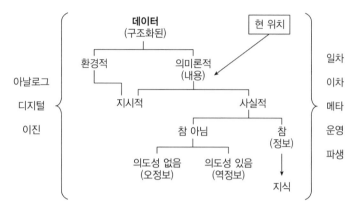

[그림 6] **의미론적 내용으로서 정보**

단지 전압을 흘려보내는 것뿐이며, 그러고 나면 우리가 그 흐름을 이를테면 '만약, 그렇다면' 같은 지시 정보(논리적 명령)를 통해 해석할 수 있는 것이다. 이 경우 게이트의 차원에서는 어떤 의미론도 수반되지 않는다. 반대로 자동차 사용설명서는 먼저 이렇게 하고 그다음에는 저렇게 하라는 식의 어떤 처방을 명령하는 형태나, 만약 이러저러한 경우라면 이렇게 하고 아니면 저렇게 하라는 추론적 절차를 조건부로 제시하는 형태 등으로 **의미론적인** 지시 정보를 제공한다.

환경적이건 의미론적이건, 지시 정보는 w라는 어떤 상황이나 사실이나 사태에 관한 것이 아니며, w를 모방하거나 기술하거나 표상하지도 않는다. 오히려 그것은 w를 초래하고자(그러는 데 이바지하고자) 의도된 것이다. 사실적인 의미론적 정보의 예화에 해당하는 '주전자 물이 방금 끓었다'라는 문장과 증기가 온도 조절용 바이메탈 판을 가열하여 주전자 내부의 전극을 통해 흐르는 전기 순환이 차난될 정도에 이르렀을 때 그 증기가 유발하는 과정(이는 지시 정보의 측면으로 해석될 수도 있다)의 차이를 비교해보라. 우리의 사례에서 정비공이 전화로 존에게 충전된 배터리를 방전된 배터리에 연결하라고 말할 때, 존이 받은 것은 사실 정보가 아니라 지시 정보다. 우리는 6장에서 생물학적 정보를 논의할 때 환경적 정보로 되돌아올 것이다. 여기서는 의미론적 측면들에만 집중하기로 하자.

약정('x의 값을 3으로 하자' 혹은 '우리가 유전 공학으로 유니콘을 만든다고 가정하라'), 초대('당신을 대학 축제에 성심껏 초대하려 합니다'), 명령('창문을 닫아'), 지시('상자를 열려면 열쇠를 돌려라'), 게임의 수(체스 게임을 시작할 때 '1.e2-e4 c7-c5')를 의미론적인 지시 정보의 일종으로 분류하기에 타당해 보이는 맥락은 많다. 작곡된 음악을 인쇄한 악보, 혹은 어떤 프로그램의 디지털 파일 또한 지시 정보의 전형적인 경우들에 포함될 수 있을 것이다. 지시 정보의 그러한 의미론적 예화들을 정보로 간주하려면 그것들이 최소한 잠재적으로라도 유의미해야(해석 가능해야) 한다. 마지막으로 우리가 말로써 무언가를 행하는 수행적 맥락들이 있다. 이를테면 명명식(예를 들면, '이제 이 배를 대영제국 함선 **정보송신자** 호로 부르겠습니다')이나 프로그래밍(예를 들어 변항의 유형을 결정하는 경우처럼)이 그것이다. 이런 사례들에서 사실

(기술記述적인) 정보는 지시적인 가치를 획득한다.

《해리 포터》의 독자들이라면 어렴풋이 알아챌 수 있듯이, 마법 주문에서는 이 두 가지 유형의 의미론적 정보(지시적, 사실적)가 함께 등장할 수도 있다. 실생활에서라면 엉터리겠지만 해리 포터의 모험에서는 x의 의미론적 표상들이 어떤 지시적인 힘을 제공하여 x를 제대로 통제하기로 되어 있는 것일 수 있다. 그렇지만, 시험 삼아 말하자면, 우리는 지시 정보를 참이나 거짓으로 분류하는 것이 올바르지 않다는 것을 기억해야 한다. 사례에서, '오로지 정격 전압이 같은 배터리만 사용하시오'라는 정보가 참인지 묻는 것은 어리석은 일이 될 것이다. 마찬가지로, 약정, 초대, 명령, 지시, 게임의 수, 소프트웨어 등은 참이거나 거짓일 수 없다.

의미론적 정보는 **서술적**declarative 혹은 **사실적**이라고 여겨지는 경우가 흔하다. 기차 시간표, 은행 계좌 명세서, 진료 기록, 내일 도서관이 문을 닫을 것이라고 말하는 공지문과 같은 사실 정보는 참이나 거짓으로 합당하게 분류될 수 있을 것이다. 따라서 **사실적인 의미론적 내용**은 정보가 이해되는 가장 평범한 방식이자 또한 가장 중요한 방식 중 하나이기도 하다. 참인 의미론적 내용으로서의 정보는 지식의 필요조건이기 때문이다. 이런 기본 역할 때문에, 4장은 그 문제를 다루는 데 온전히 할애한다. 하지만 그 문제를 다루기 전에 우리는 의미나 진리를 요구하지 않는 정보 개념에 관한 우리의 탐구를 완료할 필요가 있다. 그것은 정보 이론information theory이라고도 알려진 수학적 커뮤니케이션 이론에 할애된 다음 장의 과제이다.

3장

수학적 정보

정보의 몇몇 특징들은 직관적으로 정량화할 수 있다. 광대역 네트워크는 초당 최대치의 정보량만을 전달할 수 있다. 컴퓨터는 유한한 양의 정보만을 담을 수 있는 하드디스크를 가진다. 더 일반적으로 말하자면, 우리는 물리 신호들처럼 특정한 양으로 **인코딩되고 전송되고 저장되는** 정보에 익숙하다. 우리는 또한 그런 정보가 과자나 동전처럼 **가산적일** 것으로 기대한다. 즉, 만약 내가 당신에게 정보 a + 정보 b를 준다면, 나는 당신에게 정보 a + b를 준 것이다. 그리고 우리는 정보란 결코 **음수**negative가 되지 않는다고 이해한다. 즉, 확률이나 이율이 그렇듯, 정보는 결코 0 아래로 내려갈 수 없다. 내 은행 계좌나 옥스퍼드의 기온과는 다르다. 우리의 사례를 생각해보라. 존이 이웃에게 질문을 던질 때, 최악의 시나리오는 아무 답변도 못 받거나 잘못된 답변을 받는 것이며, 그것은 그를 새 정보 제로zero의 상태에 처하게 할 것이다.

많은 성공적인 수학적 접근 방식들이 정보가 지닌 이런저런 양적 속성들을 탐구한다. MTC,즉 **수학적 커뮤니케이션 이론** the mathematical theory of communication은 단연코 가장 중요하고, 영향력 있고, 널리 알려져 있다. 이 확률론 분과에 붙여진 이름은 클로드 섀넌의 기념비적인 저술에 등장한다. 섀넌은 정보에 관한 수학적 연구라는 분야를 개척했고, 비록 그가 벨 연구소의 다른 연구자와 동료 들이 수행한 선행 작업의 중요성을 인정하기는 했으나, 어쨌든 그는 그 분야의 주요 성과 중 많은 부분을 얻어낸 인물이다. 섀넌 이후에 MTC는 **정보 이론**으로 알려지게 되었다. 오늘날 섀넌은 '정보 이론의 아버지'로 인정되며, MTC가 다루는 종류의 정보를 흔히 섀넌 정보라고 부른다. '정보 이론'이라는 용어는 설득력은 있으나 불행한 이름표로서, 지금껏 끝없는 오해를 일으켜왔다. 섀넌은 그 이름이 널리 인기를 얻게 된 것을 원망하기에 이르렀고, 그런 맥락에서 나는 그 이름의 사용을 피할 것이다.

MTC는 데이터 인코딩과 전송에 관련된 모든 현상의 배후에 놓여 있는 이론이다. 그렇듯 이 이론은 다양한 종류의 정보를 분석하는 작업에 심대한 영향을 미쳤으며, 그런 분석 작업에 기술技術적 어휘와, 적어도 초기의 개념적 사고 틀을 제공했다. 최소한 이 이론의 요체라도 파악하지 않고서는 정보의 본성을 이해하기란 불가능한 일이 될 것이다. 이번 장의 과제가 바로 그것이다.

수학적 커뮤니케이션 이론

MTC는 정보를 데이터 커뮤니케이션으로 취급하며, 데이터를 인코딩하고 전송하는 효율적인 방식들을 고안한다는 일차적 목표를 지닌다. 이 이론은 전기 공학 분야의 커뮤니케이션 범위에 관한 연구에서 유래하여 정보에 대한 양적 접근 방식을 전개한다.

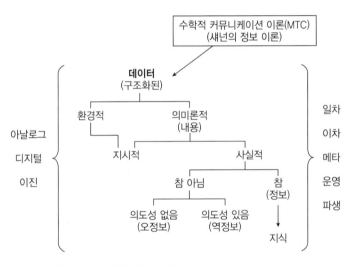

[그림 7] **수학적 커뮤니케이션 이론(MTC)**

이 접근법을 직관적으로 이해하기 위해 우리의 사례로 되돌아가자. 존이 정비공과 전화로 나눈 대화를 떠올려보라. 그림 8에서 존은 **정보송신자**informer이며, 정비공은 **정보수신자**informee이고, '배터리가 방전이다.'라는 것은 존이 보낸 (의미론적) 메시지(**정보담지자**informant)이며, 언어(영어)를 통한 코딩과 디코딩 과정, 커뮤니케이션 채널(전화 시스템), 가능한 어떤 노이즈(잡음원, 송신하지 않았으나 수신된 원치 않는 데이터)가 존재한다. 정보송신자와 정보수신자는 사용 가능한 기호들의 모음과 관련하여 같은 배경지식을 공유한다(기술적인 의미에서 **알파벳**으로 알려진 것으로서 지금 사례에서는 영어다).

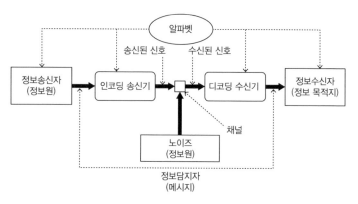

[그림 8] **커뮤니케이션 모형**

MTC는 그림 8에 표시된 자원들의 효율적 사용에 관심이 있다. 존이 정비공과 나눈 대화는 꽤 현실적이어서, 단순화시킨 사례에 비해 모형화하기가 더 어렵다. MTC를 소개하기 위해, 존과 정비공의 대화 대신 오로지 한 가지 기호만 생성할 수 있는 매우 따분한 장치를 상상해보라. 에드거 앨런 포는 까마귀가 어떤 질문에 대해서도 오로지 '두 번 다시는 안 돼' 라고만 대답할 수 있다는 내용의 단편을 썼다. 포의 까마귀는 **일진 장치**unary device라고 불린다. 존이 정비소에 전화를 걸었 는데 포의 까마귀가 받는다고 상상해보라. 이런 초보적 수준 에도 섀넌의 단순한 커뮤니케이션 모형이 여전히 적용된다. 까마귀(일진 장치)가 생산하는 정보의 양이 0인 것은 명백하 다. 단순화하자면, 존은 이미 커뮤니케이션의 결과를 알고 있 다. 무엇을 묻든지 간에 대답은 언제나 '두 번 다시는 안 돼' 이다. 그래서 예를 들면 '배터리를 충전할 수 있을까요?'라는 질문으로 표현된 그의 무지는 감소할 수 없다. 그의 정보 상 태와 상관없이, 예를 들면, '자동차에 시동을 걸 수 있을까 요?', '오셔서 자동차를 고쳐주실 수 있나요?' 같은 적절한 질 문들을 까마귀에게 던져봐야 아무런 차이를 만들지 않는다. 매우 흥미롭게도 이런 발상이, 플라톤이 〈파이드로스〉에서 문자 텍스트가 제공하는 의미론적 정보의 가치에 반대하며 펼친 유명한 논증의 밑바탕에 깔려 있음을 주목하라.

[소크라테스]: 파이드로스여, 글쓰기에는 이런 이상한 성 질이 있어서 그림과 매우 비슷하다네. 그림에 나오는 피조 물들은 마치 살아 있는 것들처럼 그대로지만, 만약 그들에 게 질문을 던진다면, 그들은 고요한 침묵을 지킨다네. 그런 데 글로 쓴 단어들도 마찬가지라네. 자네는 그 단어들이 마

치 지성을 지닌 것처럼 말을 한다고 생각할지도 모르겠네만, 만약 자네가 그들의 말을 알고 싶어서 그들에게 묻는다면, 그들은 언제나 똑같은 한 가지만 말할 걸세. [우리 용어 사용법에 따르면 그것들은 일진 장치들이다] 그리고 모든 단어는 [275e] 일단 써지고 나면 그것을 이해하고 있는 사람들과 그것에 아무런 관심이 없는 사람들 사이에서나 다 똑같이 거론되며, 누구에게 말을 하고 누구에게 말하지 말아야 할지를 알지 못한다네. 그것이 푸대접을 받거나 부당하게 욕을 먹었을 때는 언제나 자기를 도와줄 아버지가 필요하다네. 왜냐하면, 그것은 그 자신을 보호하거나 도울 힘이 없기 때문이지.

플라톤이 잘 깨달은 것처럼, 일진 정보원은 모든 질문에 언제나 오로지 한 가지 메시지로만 답한다. 침묵하거나 혹은 메시지가 있거나가 아니다. 2장에서 본 것처럼 침묵은 하나의 메시지로 여겨지기 때문이다. 따라서 처음부터 끝까지 침묵하는 정보원은 일진 정보원에 속하는 셈이다. 그리고 정보원을 침묵하게 하는 것(검열)이 정보원을 비정보적으로 만드는 비열한 방식이라 할 수 있다면, 잘 알려진 대로, 늑대가 왔다고 울부짖은 양치기 소년(어떤 상황에서건 항상 같은 메시지를 반복한)은 정보적인 정보원이 비정보적인 일진 장치의 역할로 전락한 고전적 사례이다.

이제 두 개의 메시지를 생산할 수 있는 공정한 동전fair coin

같은 이진 장치 A를 고려해보라. 이 동전은 **앞면**head과 **뒷면**tail 이라는 동일 확률의 두 기호 {h, t}를 지닌다. 혹은 〈마태복음〉 5장 37절이 전하는 것처럼, '오직 너희 말은 옳다 옳다, 아니 라 아니라 하라. 이에서 지나는 것은 악으로부터 나느니라.' 동전을 던지기 전에 정보수신자(예를 들면, 컴퓨터)는 그 장치 가 실제로 어느 기호를 생산할지 '알지' 못한다. 그것은 0보다 큰 **데이터 결손**data deficit 상태에 있다. 섀넌은 그런 데이터 결 손을 전문 용어로 '불확실성uncertainty'이라고 불렀다. 그 용 어에는 강력한 심리적 내포가 있어서 수학 이외의 맥락에서 는 오도될 수 있으므로 그 단어의 사용을 피하고 싶어 할 수 도 있다. 정보수신자는 단순한 기계일 수 있고, 심리적 혹은 정신적 상태들은 분명 무관하다는 점을 환기하라. 일단 동전 이 던져지고 나면, 그 시스템은 가능한 출력들의 함수인 정보 량을 생산한다. 이 경우는 동일 확률을 가진 두 기호의 함수 인 정보량을 생성하는데, 이 둘은 그것이 제거하는 데이터 결 손의 정도에서도 동등하다. 이것이 1비트의 정보이다. 이제 두 개의 공정한 동전 A와 B로 이루어진 약간 더 복잡한 시스 템을 구축해보자. 이 AB 시스템은 네 가지 결과를 산출할 수 있다. 〈h, h〉, 〈h, t〉, 〈t, h〉, 〈t, t〉. 그것은 네 단위의 데이터 결손을 산출하며, 이때 각 쌍은 정보원 문자에서 〈_, _〉라는 하나의 기호로 계산된다. AB 시스템에서 각각의 기호 〈_, _〉 의 발생은 A 시스템의 기호 발생보다 데이터 결손을 더 많이 제거한다. 다른 말로 하면, 각 기호는 더 많은 대안을 배제함으로써 더 많은 정보를 제공한다. 동전 하나를 더 보탠다면 여덟 단위의 데이터 결손을 산출할 것이며, 그럴 때 ABC 시스템에서 각각의 기호 ⟨_, _, _⟩가 전달하는 정보의 양은 더 증가한다(표 5를 보라).

[표 5] **커뮤니케이션 장치들과 그 장치들의 정보력 예시**

장치	알파벳	기호당 정보 비트
포의 까마귀 (일진)	기호 1개	$\log(1)=0$
동전 1개 (이진)	동일 확률의 기호 2개	$\log(2)=1$
동전 2개	동일 확률의 기호 4개	$\log(4)=2$
주사위 1개	동일 확률의 기호 6개	$\log(6)=2.58$
동전 3개	동일 확률의 기호 8개	$\log(8)=3$

기본 발상은, 정보를 데이터 결손(섀넌이 말하는 '불확실성')의 증가라는 측면으로 정량화할 수 있다는 것이다. 동전 하나는 1비트의 정보를 생산하며, 동전 두 개는 2비트, 동전 세 개는 3비트의 정보를 산출하는 등의 방식이다. 불행히도, 진짜 동전은 언제나 편향적이다. 진짜 동전이 실제로 얼마나 많은 정보를 산출하는지 계산하려면 유한한 횟수로 동전 던지기를 했을 때 기호들의 발생 빈도, 혹은 동전 던지기를 무한정 계속한다고 가정할 때의 확률에 의존해야 한다. 공정한 동전과 비교해서 약간이라도 편향된 동전은, 1비트에는 못 미치지만

여전히 0보다는 큰 정보를 산출해야 한다. 아까 그 까마귀는 '두 번 다시는 안 돼.'라는 기호열의 발생이 **정보적이지 않기** 때문에(더 직관적이긴 하지만 심리주의적으로 들리는 섀넌의 용어를 사용하자면, '놀랍지 않기not surprising' 때문에) 정보를 전혀 생산하지 않았다. 그리고 그것은 바로 '두 번 다시는 안 돼.'의 발생 **확률**이 최대였고, 그래서 완벽하게 예측 가능했기 때문이다. 마찬가지로, 편향된 동전이 산출하는 정보의 양은 h나 t의 발생이 갖는 평균적 **정보성**informativeness에 달려 있다. 결과 중 어느 하나가 나올 확률이 높을수록 그 결과에 덜 놀라게 되고 그 결과치는 덜 정보적이게 될 것이다. 동전이 아주 편향적이어서 언제나 같은 기호만을 산출할 때, 그것은 정보적이기를 완전히 멈춘 것이며, 까마귀나 양치기 소년처럼 행동하는 것이다.

방금 개괄한 양적 접근 방식은 코딩 이론과 그에 따른 암호 해독법, 그리고 데이터 저장 및 전송 기술에서 중대한 역할을 한다. MTC는 본래 커뮤니케이션 채널의 속성 및 데이터를 기록과 전송이 가능한 신호로 효율적으로 암호화할 수 있는 코드들의 속성을 연구하는 이론이다. 커뮤니케이션 분석과 메모리 관리라는 두 영역에서 중추적 역할을 하는 다음의 두 개념은 너무나 중요해서 간략하게나마 설명할 가치가 있다. 바로 잉여성redundancy과 노이즈noise다.

잉여성과 노이즈

실생활에서 훌륭한 코드화는 적당히 잉여적이다. 잉여성이란 어떤 메시지의 물리적 표상과 같은 메시지에 대해서 필요 이상의 비트를 사용하지 않은 수학적 표상 사이의 차이를 가리킨다. 사진의 디지털 용량을 줄이기 위해 사용되곤 하는 것과 같은 **압축** 절차들은 데이터의 잉여성을 줄이는 방식으로 작동하지만, 잉여성이 늘 나쁜 것만은 아니다. 그것이 **애매도**equivocation, 전송했으나 수신이 안 된 데이터)와 노이즈를 없애는 데 도움이 될 수 있기 때문이다. 메시지+노이즈는 원래의 메시지 자체보다 더 많은 데이터를 포함하지만, 커뮤니케이션 과정의 목표는 **충실도**fidelity, 즉 원래의 메시지를 송신자에서 수신자에게로 정확히 전송하는 데에 있는 것이지 메시지의 증가에 있는 것은 아니다. 만약 일정 정도의 잉여성이 커뮤니케이션의 물리적 과정과 주변 환경으로 인해 어쩔 수 없이 삽입되는 노이즈와 애매도를 상쇄해 준다면, 전송 과정의 말단부에서 메시지를 올바르게 재구성할 가능성이 더 크다. 노이즈는 정보수신자가 메시지를 뽑아낼 때 선택의 자유를 확대하지만, 그것은 탐탁지 않은 자유이며 어느 정도의 잉여성이 그런 자유를 제한하는 데 도움을 줄 수 있다. 그것이 바로 존의 자동차 사용설명서가 같은 정보를 전달하기 위해 (약간은 잉여적으로) 말로 하는 설명과 삽화를 둘 다 담고 있는 이유다.

수학적 커뮤니케이션 이론의 몇 가지 개념적 함축들

MTC, 즉 수학적 커뮤니케이션 이론에서, 정보란 일군의 가능한 기호들 가운데 하나의 기호를 선택하는 것뿐이며, 그래서 MTC가 정보를 정량화하는 방식을 파악하는 간단한 방법은 정보원이 지금 전달하고자 하는 것이 무엇인지 결정하기 위해 요구되는 '예/아니오' 질문의 수를 고려하는 것이다. 공정한 동전의 출력을 결정하는 데는 한 가지 질문이면 충분하므로, 그것은 1비트의 정보를 산출한다고 말할 수 있다. 우리는 두 개의 공정한 동전 시스템이 네 개의 순서쌍 출력, 즉 ⟨h, h⟩, ⟨h, t⟩, ⟨t, h⟩, ⟨t, t⟩를 산출하며, 따라서 적어도 두 개의 질문을 요구하기에 각각의 출력은 2비트의 정보를 포함한다는 것, 등등을 보았다. 이런 분석은 두 가지 중요한 요점을 명료히 해준다.

첫째, MTC는 정보라는 단어의 일상적 의미에 비추어볼 때 정보 이론이 아니다. MTC에서 정보는 전적으로 전문적인 의미를 지닌다. 우선 MTC에 따르면 동일 확률의 '예' 답변 두 개는 같은 양의 정보를 담는다. 그 답변에 상응하는 질문이 '배터리가 방전된 것인가?'이든 '나와 결혼해 주시겠습니까?'이든 상관이 없다. 만약 어떤 장치가 이 책이나 《브리태니커 백과사전》 전체를 동일 확률로 송신할 수 있다는 것을 알았다면, 그중 어느 한쪽을 수신할 때 바이트 양이 매우 다른 데이터를 수신하게 될 것 같겠지만, MTC에서 정보라는 단어가 의미하는 바에 따르자면 실제로는 오로지 1비트의 정보만을 수신한 셈이 될 것이다. 1944년 6월 1일에 BBC는 베를렌의 시 〈가을의 노래〉의 시구 한 소절을 낭송했다. 'Les sanglots longs des violons de Autumne.' 이것은 침공의 디데이가 임박했느냐는 질문에 대해 '예'라고 답할 가능성이 점점 커진다는 1비트 이하의 정보가 담긴 암호 메시지였다. 그러고 나서는 그다음 시구인 'Blessent mon coeur d'une longueur monotone'를 낭송했다. 또 하나의 무의미한 글자들의 묶음이지만 사실 또 다른 비트의 정보였다. 왜냐하면 그것은 침공이 즉시 이루어질 것이냐는 질문에 대한, 오래 고대해왔던 또 다른 '예'였기 때문이다. 독일 정보국은 이 암호에 관해 알았고, 이 메시지들을 가로채 베를린에 보고하기까지 했다. 하지만 최고사령부는 노르망디에 주둔하고 있던 제7군단에 경보를 발령하지 않았다. 히틀러는 새년의 의미에서 모든 정보를 확보했지만, 그 두 개의 작은 데이터 비트들의 결정적인 중요성을 이해하지(믿지) 못했다. 우리 이야기를 좀 하자면, 우리는 MTC의 의미에서 최대의 정보량이란 각 문자가 동등하게 분포된 텍스트, 다시 말해 각 문자의 완벽한 무작위 배열이 산출하는 것이라고 결론 내려도 놀라지 말아야 한다. MTC에 따르면, 타자기의 자판을 아무렇게나 누르며 지나가는 그 유서 깊은 원숭이는 실제로 많은 정보를 산출하고 있는 셈이다.

둘째, MTC는 의미 없는 정보 이론이고(무의미하다는 뜻이 아니라 아직 의미를 갖지 않았다는 뜻에서) [정보-의미=데이터]이기 때문에, 이 확률론 분과에 훨씬 더 어울리는 표현은 '정보 이론'보다는 '수학적 데이터 커뮤니케이션 이론'이다. 이것은 단지 어떤 이름을 붙이느냐의 문제가 아니다. 의미론적 내용으로서(이에 관해서는 곧 더 다룰 것이다) 정보는 또한 **데이터+질의**로도 기술될 수 있다. '지구에는 달이 하나뿐이다'와 같은 하나의 정보를 떠올려보라. 그것을 [지구에는 달이 오직 하나뿐인가?+예]처럼 [질의+이진 답변]으로 변환함으로써 그 정보에 담긴 거의 모든 의미론적 내용을 몰아 놓기 쉽다. 기껏해야 1비트의 정보에 해당하는 '예'를 빼보라. 그러면 모든 의미론적 내용이 남겨지고, 그것이 참인지 거짓인지에 관한 모든 표시도 제거될 것이다. 의미론적 내용은 아직 정답이 채워지지 않은 정보이다. '예'라는 데이터는 질의에 담겨 있는 정보를 해제하는 열쇠로 작동한다. MTC는 정보를 데이터 열쇠처럼 취급하는 방식, 즉 정보수신자의 채워지지 않은 정보를 채우는 데 필요한 세부적인 신호나 메시지나 메모리의 양으로 취급하는 방식으로 정보의 코드화와 전송을 연구한다. 이에 관하여 위버는 다음과 같이 정확히 언급했다.

> 정보라는 단어는 우리가 무엇을 말하느냐보다는 무엇을 말할 수 있었느냐와 관계가 있다. 수학적 커뮤니케이션 이론

은 정보 자체가 아니라 정보매개자인 기호와 신호를 다룬
다. 즉, 정보란 우리가 메시지를 뽑을 때, 우리가 지닌 선택
의 자유의 척도이다.

MTC는 잘 형성된 신호의 열로 인코딩된 해석되지 않은 기
호들로 이루어진 메시지들을 다룬다. 이것들은 의미론적 정
보의 구성 요소지만 아직 의미론적 정보는 아닌, 그저 데이터
에 불과하다. 그래서 MTC는 **구문론적** 차원의 정보에 관한 연
구라고 흔히 기술된다. 그리고 컴퓨터는 구문론적 장치이므
로, 그것이 바로 MTC가 ICT에 그렇게 성공적으로 적용될 수
있는 이유인 셈이다.

엔트로피와 무작위성

섀넌적 의미에서의 정보는 **엔트로피**라고도 알려져 있다. 이 헷
갈리는 이름표는 존 폰 노이만John von Neumann(1903~1957)
덕분에 붙은 듯하다. 20세기의 가장 출중한 과학자 중 한 명인
그가 섀넌에게 이 단어를 추천했으니 말이다.

우리는 두 가지 이유에서 그것을 엔트로피라고 불러야 한
다. 첫째, 그 함수가 이미 같은 이름으로 열역학에서 사용

중이다. 둘째, 더 중요한 이유는 대부분 사람이 엔트로피가 실제로 무엇인지 모른다는 것이다. 그래서 만약 논쟁에서 엔트로피라는 단어를 사용한다면, 매번 이길 것이다.

불행히도 그 두 가지 이유 모두에서 폰 노이만이 옳은 것으로 입증되었다. 노이즈 없는 커뮤니케이션 채널이라는 이상적인 경우를 가정할 때 엔트로피는 아래 세 가지 동등한 양들의 척도이다.

(a) 정보송신자가 산출하는 기호 당 평균 정보량, 혹은
(b) 정보수신자가 정보송신자의 출력을 검사하기 이전에 보유한 그에 상응하는 데이터 결손(새넌의 불확실성)의 평균량, 혹은
(c) 그에 상응하는 동일 정보원의 정보적 잠재성, 즉, 그것의 **정보적 엔트로피**.

엔트로피는 (a)나 (b)를 동등하게 나타낼 수 있는데, 그럴 수 있는 이유는 정보송신자는 특정 문자를 고름으로써 자동으로 정보수신자의 데이터 결손(불확실성)을 생성하며, 이때 그 결손은 **정보담지자에 의해** 다양한 수준으로 벌충할 수(해소할 수) 있기 때문이다. 묻고 답하기 게임을 떠올려보라. 만약 당신이 공정한 동전 한 개를 사용한다면, 나는 즉각 나 자신

이 1비트의 결손 상태에 처해 있음을 깨닫게 된다. 나는 앞면인지 뒷면인지 모르며, 답을 찾기 위해 내게는 한 가지 질문이 필요하다. 공정한 동전 두 개를 사용하면 나는 적어도 두 개의 질문이 필요하므로 나의 결손은 두 배가 된다. 그러나 앞에서의 그 까마귀를 사용하면 나의 결손은 0이 된다. 나의 빈 잔은(위 (b)의 요점) 당신이 그것을 채울 수 있는 역량의 정확한 척도이다(위 (a)의 요점). 물론 엔트로피를 이용해 정보를 정량화한다고 말하는 것은 오로지 우리가 확률 분포를 세세히 나열할 수 있을 때만 의미가 있다.

(c)에 관해 말하자면, MTC는 정보를 마치 질량이나 에너지처럼 물리량과 비슷하게 다룬다. 그리고 이미 섀넌이 MTC의 정보 분석과 통계 역학에서 엔트로피 개념 형성이 밀접한 관계가 있음을 논의하였다. 정보적 엔트로피 개념과 열역학적 엔트로피 개념은 확률 개념과 **무작위성** 개념을 통해 서로 연결된다. '무작위성'이라는 말이 '무질서'라는 말보다 더 낫다. 왜냐하면, '무작위성'은 구문론적 개념인 데 반해 '무질서'에는 강력한 의미론적 가치가 들어 있어서 여러 해석에 쉽게 결부될 수 있기 때문이다. 나는 10대 시절에 이런 사정을 부모님께 애써 설명해보려 했던 적도 있다. 엔트로피는 에너지나 정보를 담고 있는 과정 및 시스템의 '뒤섞임mixedupness'의 양量을 보여주는 척도이다. 그것은 또한 가역성 지표로도 볼 수 있다. 만약 엔트로피의 변화가 없다면, 그 과정은 가역적

이다. 고도로 구조화되고 완벽하게 조직된 메시지는 더 낮은 수준의 엔트로피 혹은 무작위성을 포함하며, 섀넌식으로 말하자면 덜 정보적이다. 그래서 그 메시지는 0에 가까울 수 있는(그 까마귀를 떠올려보라) 더 작은 데이터 결손을 유발한다. 대조적으로 알파벳 내 기호들의 잠재적 무작위성이 더 높을수록 그 장치는 더 많은 비트의 정보를 산출할 수 있다. 엔트로피는 균일 분포라는 극단적인 경우에서 최댓값을 띠는데, 그것은 얼음 한 조각이 들어 있는 물잔이 그 얼음 조각이 벌써 다 녹아 버린 물잔보다 낮은 엔트로피를 포함하며, 편향된 동전이 공정한 동전보다 낮은 엔트로피를 지닌다고 말하는 것과 같은 이치이다. 열역학에서는 엔트로피가 높을수록 쓸 수 있는 에너지는 적어진다(5장을 보라). 이것은 높은 엔트로피가 큰 에너지 결손에 상응함을 의미하지만, 실은 MTC에서의 엔트로피도 그렇다. 더 높은 엔트로피의 값은 더 큰 데이터 결손 양에 상응한다. 아마도 폰 노이만이 결국은 옳았다.

양적인 정보 개념에 관한 우리의 탐구는 끝났다. MTC는 커뮤니케이션에 대한 수학적 접근법 및 잘 형성된 데이터 처리의 토대를 제공한다. 이런 데이터가 유의미할 때, 그것이 의미론적 내용을 형성한다(2장을 보라). 또한 의미론적 내용이 참일 때, 그것은 의미론적 정보로 불린다. 의미론적 정보라는 개념은 이 책에서 논의된 모든 개념의 여왕이다. 다음 장은 이 개념에 할애될 것이다.

4장

의미론적 정보

존이 정비공과 나눈 대화로 돌아가보자. 수학적 커뮤니케이션 이론, 즉 MTC는 데이터 교환이 전화로 어떻게 이루어지는지 상세한 분석을 제공한다. MTC의 관점에서는 존과 정비공이 날씨나 자동차 브레이크 시스템에 관한 문제, 혹은 그밖에 다른 어떤 주제에 관해서든 대화를 나누고 있었을 수 있다. 그렇게 볼 수 있는 이유는 MTC는 확률적 현상으로서의 정보를 연구하기 때문이다. MTC의 중심 문제는, 주어진 문자와 주어진 채널을 통해서 얼마나 많은 해석되지 않은 데이터가 효율적으로 인코딩되고 전송될 수 있는가이다. MTC는 교환된 정보의 의미, 지시체, 연관성, 신빙성, 유용성, 해석 등에는 관심이 없으며, 다만 그 정보를 형성하는 해석되지 않은 데이터의 세부 사항과 빈도에만 관심이 있다. 그래서 섀넌식 의미에서의 정보와 의미론적 정보 사이의 차이란, 테니스 게임의 역학을 설명하는 물리 법칙들을 뉴턴식으로 기술하는 것과, 똑같은 그 게임을 해설자가 윔블던 결승전으로 기술하는 것

사이의 차이에 비견할 만하다. 그 두 가지 의미의 정보는 확실히 관계가 있으며, 문제는 그 관계가 얼마나 밀접한가이다. 이번 장에서 우리는 의미론적 정보의 정의를 살펴보고 나서, 무언가가 의미론적으로 정보적이라는 말이 무슨 뜻인지에 대해 만족스러운 설명을 제공해보려는 여러 가지 접근 방식들을 탐구할 것이다. 그런 다음 우리는 그런 접근 방식에 영향을 미친 두 가지 중요한 문제를 고찰하고 그 문제들이 어떻게 해결될 수 있는지 살펴볼 것이다. 그 두 가지 문제란 바로 바-힐렐 카르납 역설the Bar-Hillel Carnap paradox과 연역의 스캔들이다.

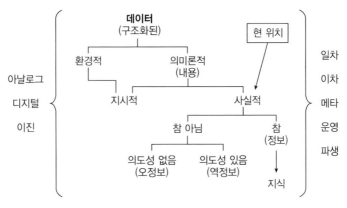

[그림 9] **사실적인 의미론적 정보**

사실적인 의미론적 정보

의미론적 내용은 **지시적**일 수 있다. 존이 전화로 배터리 충전 케이블을 이용해 자동차 엔진에 시동 거는 법을 전해 들었을 때가 그렇다. 또는 **사실적**일 수도 있다. 존이 정비공에게 배터리가 방전이라고 말할 때가 그렇다(2장을 보라). 그러나 의미론적 내용과 의미론적 정보가 둘 다 사실적일 때 그 둘 사이의 차이는 무엇인가? 존의 거짓말을 떠올려보라. 그는 정비공에게 실은 자기가 그랬으면서도 아내가 자동차 전조등 스위치 끄는 것을 깜빡했다고 말했다. 존은 정비공에게 어떤 정보를 제공한 것인가? 엄밀히 말해서, 그는 단지 거짓 '이야기', 즉 그럴 법한 상황에 관한 모종의 의미론적 내용을 제공했을 뿐이다. 그 의미론적 내용은 참이 아니었으므로 사실상 그는 정비공에게 알려준 게 없는 셈이다. 형식적인 어휘로 말해서 의미론적 내용의 정의[DEF]는 다음과 같다.

[표 6] **사실적인 의미론적 정보의 정의**

[DEF] p가 잘-형성되고, 유의미하고, 진실한 데이터라면(그런 데이터에 의해 형성된 것이라면), 그리고 오직 그럴 때만 p는 사실적인 의미론적 정보로 분류된다.

[DEF]는 논쟁 끝에 도달한 일반적인 합의 사항을 담아낸다. 이에 따르면, 사실적인 의미론적 정보는 엄밀히 말해 본래부터 진리를 구성 요소로 갖는 것truth-constituted이며, 때에 따라 진리 담지자가 되거나 하는 것이 아니다. 예를 들자면, 지식과는 정확히 비슷하지만, 명제나 믿음과는 다르다. 명제나 믿음은 있는 그대로, 진릿값과는 상관없이 독립적으로 존재하는 것들이다. 의미론적 정보는 진리를 소중히 담고 있는데, 지식도 정확히 그러하다. 정비공은 존의 아내가 자동차 전조등 스위치 끄는 것을 깜빡했다는 정보를 얻지 못했고, 따라서 그것을 알지 못한다. 왜냐하면 그녀가 그랬다는 것은 참이 아니기 때문이다. 하지만 정비공은 존의 자동차 배터리가 방전이라는 정보를 얻었고, 그래서 그것을 안다. 왜냐하면 그것은 참이기 때문이다. 그렇다면 사실적인 의미론적 내용(2장 표1의 정의 GDI를 보라)과 사실적인 의미론적 정보 사이의 차이는, 후자는 참일 필요가 있는 반면에 전자는 거짓일 수도 있다는 데 있다. [DEF]가 '참인true' 데이터가 아니라 '진실한 veridical' 데이터에 관해 말하고 있음을 주목하라. 왜냐하면 잘-형성된 유의미한 데이터 묶음이나 패턴이 자연 언어로 된 문장을 형성할 수도 있지만, 그런 데이터 묶음이나 패턴은 또한 다양한 물리적 코드들로 이뤄진 공식, 지도, 도형, 비디오, 혹은 여타 기호론적 구성물도 얼마든지 생성할 수 있으며, 그런 경우들에서는 되도록 '참'이라는 표현을 쓰지 않는 편이

더 낫기 때문이다.[3]

[DEF]는 여러 장점을 제공하는데, 그중 세 가지는 지금 맥락에서 강조할 가치가 있다. 첫째, 그것은 거짓 정보가 진정한 정보 유형이 아니라는 사실을 명확히 해준다. 우리가 거짓 정보에 관해 이야기할 때와 거짓 문장에 관해 이야기할 때는 그 의미가 다르다. 어쨌거나 거짓 문장은 거짓으로 드러난 문장이다. 거짓 정보란 우리가 누군가를 거짓 친구라 부를 때와 같은 방식으로 생각해야 한다. 거짓 친구는 친구가 전혀 아니다. 따라서 의미론적 내용이 거짓일 때 그것은 **오보**mis-information인 경우다. 만약 존이 고의로 정비공에게 거짓말을 했을 때처럼 오보의 공급원이 그것이 오보임을 자각하고 있다면, 우리는 **역정보**disinformation에 관해 이야기하는 것이다. 역정보와 오보는 윤리적으로 금지할 만한 것이지만, 나름의 목적을 성취하는 데 성공할 수도 있다. 우리의 사례에서 정비공은 문제의 정확한 원인에 관하여 존에게 역정보를 받았음

---

3 '참'과 '진실'은 일상적인 차원에서는 사실상 동의어인데 어째서 '참'이라는 표현을 피해서 '진실'이라는 표현을 사용하겠다는 것인지 의아할 수 있다. 그 이유를 간략히 설명하자면, '참true/거짓false'이라는 표현이 지금 논의와 관련된 전문 학술적 맥락에서는 문장, 명제, 진술 같은 언어적 구성물에만 한정적으로 적용되는 용어로 받아들여지기 때문이다. 따라서 [DEF]에 '참' 대신 '진실'이 사용된 것은 '참'과 '진실'의 의미가 서로 확연히 달라서가 아니라, 단지 '참'이라는 표현을 사용하여 혹시라도 불필요한 오해가 생기는 일을 피하려는 의도에서 그런 것이다.

에도 여전히 그에게 올바른 조언을 제공할 수 있었다. 마찬가지로, 정보를 주더라도 목적 달성에 성공하지 못할 수도 있다. 존이 정비공에게 자동차가 그냥 고장이라고 말하는 경우만 상상해봐도 그렇다.

두 번째 장점은 [DEF]가 사실적인 의미론적 정보와 지식 사이에 견고하고 직관적인 연결 고리를 만들어낸다는 것이다. 세 개짜리 마트료시카 인형처럼, 지식은 의미론적 정보를 포함하고 그 의미론적 정보는 진리를 포함하기 때문에 결국 지식은 진리를 포함한다. 지식과 정보는 같은 개념 가족의 일원들이다. 그들의 가족유사성에도 불구하고 지식에는 있으나 정보에는 없는 것이 바로, 어떤 한 부분이 또 다른 한 부분을 설명해주는 것과 같은 상호관계의 거미줄이다. 그런 거미줄이 망쳐지면 우리에게는 한 무더기의 진리나 무작위적인 정보 비트들의 목록이 남겨질 것이며, 결국 그것들이 다루고자 애쓰는 실재를 이해하는 데 도움을 줄 수 없을 것이다. 관계의 네트워크를 창출하거나 재구성하라. 그러면 정보는 우리의 최선의 인식적 노력이 합쳐진 전체적인 세계관을 제공하기 시작할 것이다. 그러므로 일단 어떤 정보가 활용 가능하다면, 그 활용 가능한 의미론적 정보를 이해하게 해주는 설명이나 해명을 통해 지식을 쌓아갈 수 있다. 존은 배터리의 방전을 단지 어쩌다 제대로 넘겨짚어서 안 것이 아니다. 그는 배터리 부족 표시등에 빨간불이 들어왔다는 시각 정보와 엔진에서 아무런 소리도 나지 않는다는 청각 정보를, 자동차에 시동이 걸리지 않고 있다는 전체적인 인상과 연결하여 올바른 설명을 만들어낸 것이다. 이런 의미에서 의미론적 정보는 모든 과학적 탐구의 불가결한 출발점이다.

세 번째 장점은 이번 장이 마무리되는 과정에서 음미할 수 있게 될 것이다. [DEF]는 소위 바-힐렐 카르납 역설을 해결하는 데 결정적인 역할을 한다. 우선 그에 앞서 '무엇이 어떻더라'라는 식의 정보를 무언가가 전달한다는 것이 무슨 의미인지, 다시 말해, 어떤 의미에서 의미론적 정보가 많게든 적게든 정보적일 수 있다는 것인지 이해할 필요가 있으며, 더불어 이 '많게든 적게든'이 과연 엄격한 양화를 수월하게 받아들일 수 있을 것인지 이해해야 한다.

정보성 분석

의미론적 정보의 정보성에 대한 접근법들은 MTC와는 두 가지 주된 측면에서 다르다. 첫째, 그것들은 **의미론적** 내용으로서의 정보에 대한 설명을 제공하고자 한다. '무언가가 어떻게 정보로 여겨질 수 있는가? 그리고 왜 그런가?', '어떤 것이 다른 무언가에 관한 정보를 어떻게 실어 나를 수 있는가?', '의미론적 정보는 어떻게 생성되고 흐를 수 있는

가?', '정보는 오류, 진리, 지식과 어떻게 관계를 맺는가?', '정보는 언제 유용한가?' 등과 같은 의문들을 탐구하는 것이다. 둘째, 의미론적 정보에 대한 접근 방식들은 또한 메시지 등과 같은 무언가가 정보적이라는 말이 무슨 의미인지 이해하기 위해서, 관련된 다른 정보 개념들 및 더 복잡한 형태의 인식적이고 정신적인 현상들과 정보를 연결하고자 애쓴다. 이를테면, 사실적인 의미론적 정보의 토대를 환경적 정보에 두고자 시도할 수도 있다. 이런 접근 방식은 **정보의 자연화**the naturalization of information라고도 알려져 있다.

사실적인 의미론적 정보의 분석들은 이를테면, '파리는 프랑스의 수도이다.', '물은 H2O이다.', '자동차의 배터리가 방전이다.' 등과 같은 명제들에 주로 의존한다. MTC가 유사한 분석들과 얼마나 관계가 있을까? 과거에 일부 연구 프로그램들은 의미론적 차원의 통합을 목표로 삼고 MTC의 **대안**이 될 만한 정보 이론들을 다듬어보고자 노력했다. 오늘날, 연구자 대부분은 MTC가 정보의 의미론적이고 화용론적인 모든 측면에 대한 추가적인 이론화에 엄격한 제약을 가한다는 점에 동의한다. 다만 그 제약의 **강도**에 관한 결정적 쟁점과 관련하여 의견 차이가 있다.

그 스펙트럼의 한쪽 극단에서는 MTC가 사실적인 의미론적 정보 이론에 **매우 강한** 제약을 가하며, 어쩌면 과잉결정이라 할 정도까지 그렇다고 본다. 그것은 뉴턴 물리학이 기계 공학을 제약하는 것과 다소 유사한 수준이다. 서론에서 접한 바 있는, 섀넌의 연구에 대한 위버의 낙관적 해석이 그 전형적인 사례이다.

또 다른 한쪽 극단에서는 MTC가 오로지 약하게만 사실적인 의미론적 정보 이론에 제약을 가한다고 여긴다. 아마도 아주 철저하게 과소결정한다고도 볼 수 있다는 것이다. 그것은 뉴턴 물리학이 테니스를 제약하는 것과 다소 비슷한 수준이다. 다시 말해 전혀 흥미롭지 않고, 대수롭지도 않으며, 따라서 무시해도 좋을 만하다는 의미에서 그렇다는 것이다.

1950년대에 MTC가 처음 등장했을 때 사람들은 열광했지만, 그 열기는 뒤이은 수십 년에 걸쳐 점차 식어버렸다. 역사적으로, 사실적인 의미론적 정보에 관한 이론들은 '매우 강한 제약을 받는다' 쪽에서 '오로지 약한 제약만을 받는다' 쪽으로 옮겨간 상태이다. 최근에 우리는 MTC가 서로 다른 시스템 상태들(송신자와 수신자) 각각의 확률에 따라 그 상태들 사이의 상관관계를 다루는, 건전하고 잘 개발된 통계 이론을 통해 제공할 수 있는 측면들에 관해서만 그 이론을 인정하는 견해들을 발견한다.

의미론적 정보에 대한 분석이 점점 더 MTC로부터 자유로워지고는 있지만, 심지어 가장 최근의 설명들에서도 MTC와의 두 가지 중요한 연결 관계는 안정적으로 유지되고 있다. 하나는 3장에서 설명한 커뮤니케이션 모형이고, 다른 하나는

IRP, 즉 역관계 원리Inverse Relationship Principle이다.

커뮤니케이션 모형은 지금껏 거의 이의 없이 받아들여져 오긴 했으나, 오늘날의 이론적 설명들은 단순하고 순차적인 커뮤니케이션 채널들로 연결되는 개별 행위자들보다는 병렬적으로 상호작용하는 다중행위자 분산 시스템을 기본 사례로 고려할 가능성이 더 크다. 이런 측면에서 우리의 정보 철학은 덜 데카르트적이면서 더 '사회적'인 것으로 변모한 셈이다.

IRP는 p의 확률과 p가 운반하는 의미론적 정보량 사이의 역관계를 가리킨다. 이때 p를 명제, 해당 언어의 문장, 사건, 상황, 가능세계 등 어떤 것이라 해도 상관없다. IRP는 정보란 예측 불가능성unpredictability(섀넌의 놀람 요소)과 서로 관계가 있다고 진술한다. 일진 정보원으로서 포의 까마귀가 어떤 정보도 제공하지 않는다는 것을 떠올려보라. 그 이유는 까마귀의 답변은 완전히 예측할 수 있기 때문이다. 마찬가지로 편향된 동전은 그 결과 중 하나가 나올 가능성이 더 커질수록 더 적은 정보를 제공하게 된다. 그렇게 가능성이 점점 커진 끝에 만약 그 동전의 양면이 똑같다면, 이를테면 양면 모두 앞면이라면, 앞면이 나올 확률은 1이 되는 것이고 그럴 때 앞면이 나온다는 말을 듣는 것의 정보성은 0이 되는 지경까지 이르는 것이다. 칼 포퍼Karl Popper(1902~1994)는 흔히 IRP를 명시적으로 주창한 최초의 인물로 인정받는다. 하지만 IRP에 수반되는 형식적 계산법을 개발하려는 체계적인 시도들은 섀넌이

돌파구를 뚫고 난 이후에야 비로소 이루어졌다. MTC는 정보를 확률을 통해 정의한다. 유사한 노선을 따르는 의미론적 정보에 대한 **확률론적 접근법**은 p에 들어 있는 정보를 정보와 p의 확률 간의 역관계로 정의한다. 이런 접근법은 여호수아 바-힐렐Yehoshua Bar-Hillel(1915~1975)과 루돌프 카르납Rudolf Carnap(1891~1970)이 처음 제안하였다. 여러 가지 접근법들이 다양한 방식으로 그들의 작업을 정교하게 가다듬었다. 하지만 그 접근법들은 모두 IRP를 기본 신조로 공유한다. 그리고 바로 그런 이유에서 그것들은 모두 두 가지 고전적인 문제에 직면한다. 연역의 스캔들과 바-힐렐 카르납 역설이라고 알려진 문제들이다.

연역의 스캔들

IRP에 따르면 p는 확률이 더 높고 가능성이 더 클수록 덜 정보적이다. 그러므로 만약 정비공이 존에게 미래의 언젠가에는 새로운 배터리를 입수하게 될 것이라고 말한다면, 그것은 정비공이 존에게 그 배터리를 한 달 내에 입수하게 되리라고 말하는 경우보다 덜 정보적이다. 왜냐하면, 후자의 메시지가 더 많은 가능성을 배제하기 때문이다. 이것이 그럴듯하게 보이지만, p의 확률이 가장 높을 때, 즉 $P(p)=1$일 때 무슨 일이 벌어질지 생각해보라. 이 경우 p는 동어반복, 즉 항상 참인 무언가에 해당한다. 동어반복은 비정보적인 것으로 잘 알려져 있다. 만약 존이 '새로운 배터리를 미래에 입수할 수 있거나 입수할 수 없을 것이다'라는 말을 들었다면, 존은 어떤 의미론적 정보도 없는 데이터를 수신한 것이다. 이번에도 역시 이것은 매우 합당한 소리로 들린다. 하지만 고전 논리학에서 P_1, ⋯ P_n이라는 전제들의 유한한 집합으로부터 결론 Q를 연역할 수 있다는 것은 [P_1, P_2, 그리고 ⋯ P_n이 Q를 함축한다]라는 조건문이 동어반복일 경우, 오직 바로 그 경우에만 성립한다. 따라서 동어반복은 정보를 전혀 담고 있지 않기 때문에 이에 기반한 어떤 추론도 정보의 증가를 일으킬 수 없으며, 그래서 동어반복적인 과정들로 분석될 수 있는 논리적 연역들 역시 어떤 정보를 제공하는 데 실패한다. 실제로 한 문장이 담고 있는 의미론적 정보를 그것이 배제하는 모든 가능세계들 또는 상황들의 집합과 동일시하는 관점을 따른다면, 모든 타당한 논증에서 결론이 담고 있는 정보는 이미 전제들(의 연언)이 담고 있는 정보 안에 포함되어 있어야 한다는 점이 인정될 수 있다. 이것이 동어반복과 연역 추론이 '분석적analytical'이라고 말할 때 흔히 의미하는 바이다. 그러나 그렇다면 논리학과 수학은 철저히 비정보적인 영역이 될 것이다. 이런 반反직관적인 결론이 '연역의 스캔들'로 알려진 문젯거리다. 철학자이자 논리학자인 야코 힌티카Jaakko Hintikka(1929~)가 이를 어떻게 설명하는지 보자.

브로드C. D. Broad는 귀납과 관련된 해결되지 않는 문제들을 철학의 스캔들이라고 불렀다. 나에게는 이런 귀납의 스캔들과 더불어, 똑같이 마음 불편한 연역의 스캔들이 존재하는 것처럼 보인다. 연역 추론이 '동어반복적'이라거나 '분석적'이라는, 또한 논리적 진리들이 '경험적 내용'을 전혀 갖지 않아서 '사실적 주장'을 하는 데 사용할 수 없다는 말을 들은, 어떤 영리한 대학 신입생이 이렇게 물을 때, 그 문제의 절박성은 우리 모두에게 절실히 느껴질 수 있다. '그러면 연역 추론은 다른 어떤 의미로 우리에게 새로운 정보를 주는 것일까요? 그런 어떤 의미가 있으리라는 건 더할 나위 없이 분명하지 않나요? 그렇지 않다면 도대체 논리학과 수학에 어떤 의의가 있을지 알 수 없을 테니까요.'

이 문제를 해결하기 위한 많은 시도가 있었다. 어떤 이는 논리적 정보성의 심리적 본성을 언급한다. 이 관점에 따르면, 논리적 추론의 역할은 문장에 담긴 완전한 정보적 내용을 끄집어내도록 도와주는 것이며, 이로써 우리는 간단한 검사를 통해 전제들 안에 결론이 실제로 포함되어 있다는 사실을 분명하게 알 수 있게 되는 것이다. 그것은 마치 논리적 연역의 전제들이 꾹 눌린 스프링과 같다는 의미이다. 그것은 새로운 정보를 생성하는 것이 아니라, 다만 정보를 저장하고 있다가 원래 모양으로 복원되면, 즉 연역이 완전하게 펼쳐져서 그 결론을 포함하는 모양이 드러나고 나면, 다시 그 정보를 내어놓는 것뿐이다. 논리학과 수학은 결론이 전제들 안에 이미 내재해 있다는 사실을 깨닫지 못하는 우리 같은 유한한 지성을 위해서만 정보의 증대를 불러올 뿐이다. 이런 접근 방식은 만족스럽지 않다. 만약 연역 논증의 결론이 언제나 전제들 안에 '포함되는' 것이라면, 일반적으로 연역 논증이 과학적 목적을 달성하는 데 매우 가치 있는 것으로 인식되는 까닭이 무엇인지 설명하지 못하기 때문이다. 만약 한 이론의 공리들 안에 모든 정리가 '포함'되어 있다면, 수학적 발견이란 불가능할 것이다. 더구나 흥미로운 정리들은 대개 계산 자원을 통해 증명하기가 매우 어렵다. 다른 접근 방식들은 고전적인 수리-논리적 연역들이 정보적이라는 것을 보여주었다. 그것들이 정보적인 이유는, 그것들의 타당성 증명에는 필수적으로 '가상 정보virtual information'의 (임시적) 도입이 요구되기 때문이다. 가상 정보란 가정으로 사용된 다음 해제되는 것으로서, 증명 과정의 끝에서는 어떤 흔적도 남기지 않지만, 증명의 성공에는 엄청나게 이바지한다. 기초적인 사례 하나가 이 점을 명료히 하는 데 도움을 줄 것이다.

존이 다음과 같은 정보를 갖고 있다고 가정해보라. '자동차 배터리가 방전이며(이를 경우 P라고 하자) **그리고/혹은** 자동차 전기 시스템이 고장이다(이를 경우 Q라고 하자).' '**그리고/혹은**'

을 ∨로 줄여 쓰기로 하자. 이 말의 의미는 P이거나, Q이거나, 혹은 두 경우 다일 수 있다는 것이다. 정비공은 존에게 **만약** P인 경우**라면**, 정비소에서 누군가가 그 문제를 해결하러 가야 할 것이며(이 시나리오를 S라고 하자), **만약** Q인 경우**라면** 이번 에도 역시 S여야 한다고 말한다. '**만약, ~라면**'을 → 라는 기호 로 줄여 쓰기로 하자. 이제 존의 최신 정보는 다음과 같이 나 타낼 수 있다.

① $P \lor Q$
② $P \to S$
③ $Q \to S$

①~③이 존이 가진 모든 실제 정보라는 점에 유의하라. 존 에게는 자동차 배터리가 방전이라는 정보도 없고 자동차의 전기 시스템이 고장이라는 정보도 없으며, 다만 혹시 두 가지 문제가 모두 발생했거나 그게 아니면 적어도 그중 한 가지 문 제가 발생했다는 것만을 알 뿐이다. 하지만 존은 논리학을 잘 한다. 그래서 그는 몇 가지를 **가정**함으로써 어떤 일이 벌어질 지 계산하고자 한다. 즉, 그는 ①~③으로 표상되는 가용한 정 보 공간 바깥으로 한 걸음 나아가서, 엄밀히 말하자면 자기가 실제 가진 것보다 더 많은 정보를 가진 척한다. 그의 추론(그 림 10을 보라)은 이렇다. 'P인 경우라고 가정하라. ②로부터 이

미 S가 따라 나온다. 하지만 Q인 경우라고 가정하더라도 ①
으로부터 이미 S가 따라 나온다. 하지만 그렇다고 내가 실제
로 P나 Q를 그 자체로 가정할 필요가 없다. 왜냐하면 나는 그
둘을 ① 안에 함께 넣어 놓았기 때문이다. 그러므로 나는 ①,
②, ③으로부터 S를 추론할 수 있다. 즉, 정비소에서 누군가가
문제를 해결하러 와야만 할 것이다.' 존은 방금 자연 연역 체
계에서 '∨ 제거 규칙'이라고 알려진 추론 규칙을 사용하였다.
그는 ①의 선언문disjunction에서 출발했고, 그런 다음 각 선언
지를 차례차례 가정으로 취급했고, 그런 다음 그 가정이 (다른
가용한 전제들과 함께) 결론을 반드시 함축한다는 것을 증명하
고자 했다. 양쪽 선언지 모두 결론을 반드시 함축하기에 충분
하다는 것을 성공적으로 보여줌으로써, 그는 그 가정들을 해
제하고 결론을 주장하였다. 비록 그 과정이 단순하고 매우 명
백하기는 하지만, 어쨌든 존은 조용히 그가 실제로 가진 정보
의 공간에서 벗어나서 가상 정보의 공간으로 이동했고, 꼭 필
요한 작업을 그 가상 정보 덕분에 아주 많이 할 수 있었으며,
그런 다음 그가 실제로 가진 원래의 정보 공간으로 되돌아와
자신의 결론을 획득했다는 것 또한 분명하다. 주의를 잔뜩 기
울여 들여다보지 않는다면, 그 마술 같은 재주는 거의 눈에
들어오지 않는다. 그러나 연역이 형식적으로 타당하면서 동
시에 여전히 정보적일 수 있었던 것은 정확히, 가용한 정보
공간 밖으로 나갔다 들어온 바로 그 일 덕분이다.

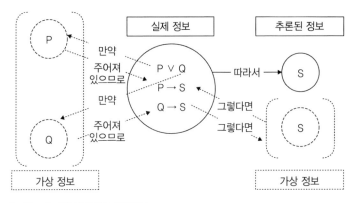

[그림 10] **자연 연역에서 가상 정보**

수리-논리적 연역의 정보적 풍요성은, 결론을 획득하기 위해 반드시 고려되어야 하지만 전제들에 전혀 포함되지 않은 정보 자원을 요령 있게 사용한 결과이다.

바-힐렐 카르납 역설

IRP로 되돌아가자. p의 확률이 낮거나 가능성이 떨어질수록 p는 더 정보적이다. 만약 존이 자동차 전기 시스템이 고장이라는 말을 듣는다면, 그것은 배터리가 방전이거나 자동차 전기 시스템이 고장이라는 말을 듣는 것보다 더 정보적이다. 이유는 간단하다. 전자의 경우를 만족시키는 상황들이 더 적기 때문이다. 다시 한번, 이것은 일리 있는 말로 들린다. 그러나

만일 p의 가능성이 계속 떨어진다면, p의 확률이 실제로 0이 되는 단계, 즉, p가 불가능하거나 모순과 같아지는 단계에 도달할 것이다. 하지만 IRP에 따르면, 이것은 p가 최대로 정보적이어야 하는 상황이다. 존이 만약 자동차 배터리가 방전이면서 또한 방전이 아니라는(같은 의미로 동시에) 말을 들었다면 최대량의 의미론적 정보를 수신하고 있는 꼴이 될 것이다. 이런 또 다른 반직관적 결론은 바-힐렐 카르납 역설로 불려 왔다(그 두 철학자가 모순이 고도로 정보적이라는 반직관적 발상을 처음으로 명시화한 사람들에 속하기 때문이다).

공식화된 이후로 이 문제는, **약한 의미론적 정보**를 양적으로 다루려 하는 모든 이론이 감당해야 할, 불운하지만 완벽하게 옳은, 논리적으로 불가피한 귀결로 인정되었다. '약한'이라는 말이 붙은 이유는, 여기서는 진릿값이 아무런 구실을 하지 않기 때문이다. 결과적으로 이 문제는, 다른 점에서는 유용한 이런 접근 방식이 치러야 할 대가로서 대체로 무시되거나 묵인되어 왔다. 하지만 이 역설을 피하는 직접적인 방법은 의미론적으로 더 강한 접근법을 채택하는 것이다. 더 강한 접근법에 따르면, 사실적인 의미론적 정보는 진리를 담고 있다. 이번에도 다시 한번, 간단한 착상으로 전문적인 설명을 피하고 넘어갈 수 있다. 독자는 [DEF]의 장점 중 하나가 그것이 바-힐렐 카르납 역설의 해결에서 결정적인 구실을 할 수 있다는 것이라는 말을 아마 기억할 것이다. 이제 왜 그런지 쉽게 알 수 있다. 만약 무엇이든 오로지 진리성의 조건을 만족할 때만 사실적인 의미론적 정보의 자격이 있다면, 모순, 그리고 더 나아가 거짓은 원천적으로 배제된다. 그러면 p의 의미론적 정보량은 p가 다루기로 되어 있는 상황 w로부터 p까지의 거리를 통해 계산될 수 있다. 오늘 밤 저녁 식사에 정확히 세 명의 손님이 오게 될 것이라고 상상해보라. 이것이 우리의 상황 w 이다. 존이 요리하고 있는데 다음과 같은 말을 듣는다고 상상해보라.

A. 오늘 밤 저녁 식사에 몇몇 손님이 오거나 오지 않을 것이다. 혹은

B. 오늘 밤에 몇몇 손님이 올 것이다. 혹은

C. 오늘 밤에 손님 세 명이 올 것이다. 혹은

D. 오늘 밤에 몇몇 손님이 올 것이고 또한 오지 않을 것이다.

A의 **정보성 정도**the degree of informativeness는 0이다. A는 동어반복으로서 w와 w의 부정 둘 다에 적용되기 때문이다. B는 성적이 더 좋다. 한편 C는 최대의 정보성을 갖는다. 왜냐하면, 완전히 빈틈없고 정확하고 우연적인 진리로서 목표물인 w에 '영점 조준'을 하고 있기 때문이다. 그리고 D는 거짓이므로(D는 모순) 의미론적 정보가 전혀 아니며, 단지 의미론적 내용일 뿐이다(다음 장의 그림 11을 보라). 일반적으로 정보

가 목표물에서 멀리 떨어질수록, 그것이 적용되는 상황의 수는 커지며, 정보성의 수준은 더 낮아진다. 동어반복은 세계로부터 가장 '멀리 떨어진' 참인 정보의 예화이다. 모순은 세계로부터 똑같이 멀리 떨어진 오보의 예화이다. 물론 이따금 우리는, 너무 공허한 의미론적 정보의 예화보다는 차라리 오보의 예화를 선호할 수도 있다. 예를 들면, 오늘 밤 실제로 딱 세 명의 손님이 오게 될 상황에서, 오늘 밤에 백 명 이하의 손님이 올 것이라는 말을 듣는 것보다는 차라리 네 명의 손님이 올 것이라는 말을 듣는 쪽을 더 좋아한다는 것이다.

5장

물리적 정보

지금까지 수학적인 시각과 의미론적인 시각에서 정보를 분석하였다. 하지만 노트북 컴퓨터의 열기熱氣를 경험해본 사람이라면 아주 잘 알다시피, 정보는 물리적 현상이기도 하다. 데이터를 저장하고 처리하는 것은 에너지를 소비하는 일이며, 데이터 센터들이 심각한 생태 문제들을 일으키기 시작한 이유도 그것이다(에필로그를 보라). 3장에서 엔트로피 개념은 정보 이론과 열역학에 둘 다 적용되었다. 그러므로 물리학(현상들에 관한 이론으로서)과 형이상학(그런 현상들의 배후에 있을 수있는 것들에 관한 이론으로서)이 정보의 본성에 관해 무슨 말을해야 할지 고찰할 시간이 되었다. 그 두 시각은 양립할 수 있으며 상호 보완적일 수도 있다.

그림 11은 의미론적 정보가 물리적이지 않음을 암시하려는 의도가 아니라는 점에 유의하라. 법이 허용하는 최고 속도를 표시하는 도로 표지판은 어떤 의미론적 정보에 대한 매우 물리적인 성취물이다. 그림 11의 지형도로 나타내고자 한 것은,

이번 장에서는 환경 속에서 발생하는 자연적 현상으로서 구조화된 데이터가 갖는 물리적 특징들을 다루기 위해 그것의 의미론적 측면들은 무시하겠다는 것이다.

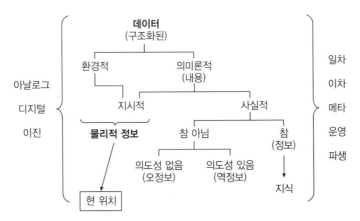

[그림 11] **물리적 정보**

맥스웰의 도깨비

열역학은 어떤 한 종류의 에너지(예를 들면, 동역학적, 기계적, 화학적, 전기적, 등등)로부터 다른 에너지로의 전환, 에너지가 흐르는 방향, 작업을 수행할 수 있는 에너지의 가용성을 연구한다. 이런 점에서 열역학은 산업 혁명에 가장 크게 이바지한 과학 분야다. 증기기관이나 내연기관 엔진 같은, 엔진의 효율적인 작동의 기반을 바로 열역학이 제공했고, 그 덕분에 상품의 기계 운송과 자동 생산이 가능해졌기 때문이다. 에너지 과학이 진보하는 동안, 열역학은 언제나 정보 역학과 이중적 관계를 누렸다. 한편으로 정보 처리 과정은 불가피하게 물리적이어서 에너지 변환에 기반을 둔 것처럼 보이며, 따라서 열역학의 법칙에 종속된 것처럼 보인다. 다른 한편, 열역학 과정 자체의 설계, 개선, 효율적 관리는 정보 처리 과정을 다루는 지적인 방식들에 크게 의존하는 것일 수 있다. 우리의 사례를 고려해보라. 존이 세계와 누린 모든 정보 교환은(빨간불이 들어옴, 전화 통화, 이웃과의 대화 등등) 관련 시스템들에서(몸, 자동차 등등) 에너지 변환을 요구하며, 그런 일들은 궁극적으로 열역학의 법칙에 종속되어 있다. 동시에, 그가 차에서 내릴 때 전조등이 여전히 켜져 있다고 경고하는 청각 신호가 있어서 배터리 방전을 일으킨 전체 열역학 과정의 발생을 방지했더라면 아주 많은 에너지를 아낄 수 있었을 것이다. 흔히 열역학과 정보 이론은 자원, 에너지, 정보를 가장 효율적으로 사용한다는 하나의 목표를 공유하는 연합군이다.

그 둘의 잠재적 능률성 수준은 무제한일 수도 있는 듯 보인다. 정보를 더 잘 관리할 수 있다면(예를 들어, 같거나 더 적은 에너지를 들여서 더 많은 정보를 추출하거나 처리하는 것) 에너지를 더 잘 관리할 수 있고(에너지를 더 많이 추출하고, 더 많이 재생하고, 덜 사용하거나 더 잘 사용하는 것), 그것이 다시 정보 처리 과정을 더 개선하는 데 사용될 수 있을 것이며 이 과정은 계속 이어질 수 있다. 그런 선순환에 한계가 있을까? 3장에서 나는 정보 흐름을 물리적으로 얼마나 많이 개선할 수 있느냐 하는 문제에 관해 수학적 커뮤니케이션 이론이 그 한계를 부여한다는 사실을 언급했다. 불행하게도, 이제 열역학 역시 우리가 물리적 과정을 정보적인 측면에서 어디까지 개선할 수 있느냐 하는 문제에 관해 두 가지 제약을 부과한다.

열역학 제1법칙은 에너지 보존에 관련된 것이다. 그 법칙은 닫힌 열역학 체계 내부의 에너지 변화가, 그 체계에서 수행되는 작업 및 그 체계에 공급되는 열에너지 양의 합계와 동등하다고 말한다. 다른 말로 하면, 이 법칙은 고립계의 에너지 총량이 일정하게 유지된다는 것을 확립한다. 에너지는 변환될 수는 있을지언정 창조되거나 파괴될 수는 없다. 그러므로 우리가 정보를 다루는 방식이 제아무리 똑똑하고 효율적이게 된다고 하더라도, 영구운동 기계, 즉 한번 시작하면 에너지의 추가 입력을 전혀 요구하지 않는 채로 무한정 계속 운동하게 되는 메커니즘을 고안하는 일은 불가능하다. 지금까지 설계된 가장 교묘한 시스템도 여전히 에너지 입력을 요구할 것이다. '녹색운동'의 도전 과제는 출력을 유지하거나 증가시키면서도 그 에너지 입력을 되도록 더 낮은 목표치까지 감소시키기 위해 정보를 더욱더 지능적으로 사용하는 것이다.

회의주의자는 이전까지의 한계를 받아들이면서도 여전히 그런 영구운동 기계가 불가능하다는 주장에 반대할 수 있을 것이다. 우리는 기계의 바깥에서 매우 교묘한 설계를 통해 기계를 제작해 나가면서 정보를 사용하는 경우만 상상해왔기 때문이다. 우리는 그 기계를 내부에서 통제하기 위해 기계 안에 어떤 정보 장치를 집어넣는 가능성을 고려해야 한다. ICT는 그것을 어렵지 않게 만들었다. '똑똑한' 활용 방법들이 사방에 널려 있으며 공상과학적인 상상의 비약을 요구하는 것도 아니다. 이런 반대 견해에 대한 답변은 두 가지다.

첫째, 열역학 제2법칙은 그런 '똑똑한' 영구운동 기계를 물리적으로 불가능하게 만든다. 우리는 이미 '뒤섞임'에 입각한 엔트로피 개념을 접한 바 있다. 열역학에서 작업에 필요한 가용 에너지가 상태들의 차이(즉, 비非뒤섞임)를 요구한다는 사실을 고려할 때, 엔트로피는 어떤 체계의 작업에 필요한 에너지의 불가용성의 척도에 해당한다. 제2법칙에 따르면, 모든 열역학적 고립계의 총 엔트로피는 시간이 흐르면서 증가하여 최댓값에 접근하는 경향이 있다. 그런 과정을 되돌린다는 것은 얼음을 집어넣은 미지근한 물 잔에서 얼음이 천천히 녹는 대신에 물이 저절로 얼어붙는 과정을 관찰하는 것과 비슷하다. 그건 기적이다.

두 번째 답변은 훨씬 더 까다롭다. 제2법칙이 진술하는 바가 엔트로피는 증가하는 **경향이 있다**는 것임을 고려할 때, 앞의 사례에서 물 분자가 얼어붙는 것을 관찰하는 일이 **논리적으로** 불가능하다는 것인지(즉, '행복하게 결혼한 총각들'처럼 용어상의 모순이라는 말인지) 궁금해질 수 있다. 다른 말로 하면, 공정한 동전이라면 오로지 한 면만 주야장천 나오는 일은 없을 것이고 그것은 분명 사실이지만, 논리학의 법칙들이 그 가능성을 반드시 배제하는 것은 아니라는 말이다. 즉 그 가능성을 진술하는 것이 모순은 아니라는 것이다. 그렇다면 현실적으로는 여전히 불가하더라도 어쨌든 이론상으로는 엔트로피를 격퇴할 수 있는 어떤 논리적으로 가능한 메커니즘을 상상해볼 수 있을까? 맥스웰의 도깨비 속으로 들어가보자.

고전 전자기장 이론의 아버지 제임스 클러크 맥스웰James Clerk Maxwell(1831~1879)은 자신이 생각한 제2법칙의 통계적 본성을 명료히 하기 위해 사고 실험을 고안했다. 그는 자신의 열학熱學에서 다음의 시나리오를 상상해보라고 권유한다(그림 12를 보라). 어떤 기체로 가득 찬 용기를 A와 B 두 부분으로 나눈다. 칸막이에는 미세한 구멍이 있는데, 맥스웰의 도깨비 Maxwell's demon라고 알려진 어떤 존재가 들창을 이용해 그 구멍을 열었다 닫았다 할 수 있다. 도깨비는 서로 다른 속도로 튀어 오르는 분자들을 감시한다. 분자들이 구멍으로 접근할 때, 도깨비가 그 들창을 열어서 평균 이상의 속도로 움직이는 분자는 A에서 B로, 평균 이하로 움직이는 분자는 B에서 A로 구멍을 통해 이동하게 한다. 결국, 도깨비는 모든 입자를 느린 것(A)과 빠른 것(B)으로 분류함으로써 제2법칙에 예외를 제공하는 셈이다. 즉, 에너지를 전혀 공급하지 않고도 뒤섞임

이 감소한 것이다.

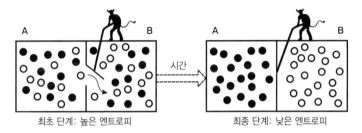

[그림 12] **맥스웰의 도깨비**

    사람들은 맥스웰의 도깨비가 미립자의 궤도를 감시하고 계산하는 정보 장치라는 것을 곧 깨닫게 되었다. 만약 그것이 이론적으로 가능하다면, 우리는 정보를 이용하여 물리적 엔트로피에 도전하는 논리적으로 가능한 방법을 인정할 수 있었을 것이다. 시스템이 제2법칙이 요구하는 것보다 더 낮은 에너지 비용을 들여 작업을 수행하는 것이다(평균 분자 속도란 온도에 상응하며, 그 온도가 A에서는 감소하고 B에서는 증가하게 되면서 어떤 작업을 가능하게 만드는 것임을 상기하라). 하지만 열역학 제2법칙은 반박의 여지가 없어 보이는데, 그렇다면 어디에 속임수가 있는 걸까? 맥스웰의 원래 발상에서는 도깨비가 들창을 조작할 필요가 있고 그 일에 에너지가 요구되지만, 그런 특징은 사고 실험을 약간 다르게 설계함으로써(미닫이문, 기계 장치, 스프링 등등) 해소될 수 있다. 두 명의 위대한 물리학자 레오 실라르드Leo Szilard(1898~1964)와 레옹 브리유앵Leon Brillouin

(1889~1969)이 깨달았던 것처럼, 진짜 속임수는 도깨비가 수행한 정보 처리 과정에 있다. 입자의 위치와 속도를 감시하는 것과 같은 모든 정보 수집은 에너지를 요구한다. 예를 들면, 입자가 어디에 있는지 '보기' 위해 도깨비가 빛을 사용하는 것을 상상해보라. 입자의 위치를 표시하면서 입자에서 튕겨 나오는 광자들은 어떤 에너지 원천에서 생산되었을 것이다. 그리고 설령 시스템 설계를 더욱 개선하여 이런 특수한 한계를 극복할 수 있다고 하더라도, 최종적인 제약이 존재한다. 일단 정보가 수집되고 나면, 도깨비는 모종의 정보 처리 과정을 수행해야 한다. 이를테면 시스템을 효율적으로 작동시켜 시스템의 엔트로피를 감소시키려면 정확히 언제 들창을 조작해야 할지 계산해야 한다. 그러나 계산은 아무리 효율적으로 수행하더라도 메모리를 사용한다. 도깨비가 나중에 정보를 잘 처리하려면 먼저 정보를 저장할 필요가 있다. 따라서 우리의 도깨비가 계속 조작하고 있을 때 엔트로피는 감소하겠지만 도깨비의 메모리 저장량은 증가할 것이다. 두 명의 컴퓨터 과학자가 마침내 그 도깨비를 용케 쫓아냈다. 먼저 롤프 란다우어Rolf W. Landauer(1927~1999)는 논리적으로 비가역적인 모든 정보 조작은 특정량의 열의 방출을 초래함으로써 환경에 그에 상응하는 엔트로피 증가를 일으킨다고 주장하였다. 그러자 찰스 베넷Charles H. Bennett(1943~)은 대부분의 계산이 가역적으로 이루어질 수 있어서 에너지 비용을 되찾을 수 있

고 엔트로피는 증가하지 않을 수도 있으나, 반드시 비가역적 일 수밖에 없는 하나의 계산 조작이 존재한다는 것을 증명하였다. 이른바 메모리 삭제이다(2장을 보라). 그러므로 메모리를 삭제하려면 도깨비는 에너지가 필요할 것이며 이 에너지는 소위 뒷거래로, 시스템이 내미는 엔트로피 청구서에 지불해야 할 비용이다. 결론은, 정보란 열역학의 법칙들에 종속된 물리적 현상이라는 것이다. 아니, 어쨌든 최근까지는 그런 것처럼 보였다. 왜냐하면 우리의 이야기는 결말이 열려 있기 때문이다. 란다우어의 원리는 법칙이 아니며, 최근 들어서는 그 원리가 열역학 제2법칙을 뒷받침한다기보다는 실은 그 법칙을 미리 전제로 하는 것이라는 비판이 제기되었다. 더구나 우리는 논리적으로 도깨비가 자신의 메모리를 삭제할 필요가 없을 수도 있다고(비록 물리적으로는 그럴법하지 않지만, 그러니 그 도깨비가 설계도가 아니라 사유 실험인 게 아니겠는가) 주장할 수 있다. 만약 어떤 정보도 절대 삭제되지 않는다면, 그의 다른 모든 계산은 원리상 열역학적으로 가역적일 수 있는 방식으로 성취될 수 있을 것이다. 열의 방출을 전혀 요구하지 않으므로 엔트로피의 증가도 전혀 없다. 그러면 결국 무승부로 끝나는 셈이다. 그 시스템이 공짜로 돌아가지 않는다는 것은 증명되었지만, 도깨비에게 에너지 청구서에 비용을 치르게 하는 데는 실패한 것이다. 기록 데이터의 양이 끝없이 증가하면서 부풀어 오른 그 도깨비는 끝없이 팽창하는 메모리 공간을 상징하게 될 것이다.

우리의 회의주의자가 마지막 반격을 시도할 수 있다. 맥스웰의 도깨비는 미립자 하나하나를 보고 조작할 수 있다. 만일 그것이 양자 컴퓨터라면, 혹시 열역학 제2법칙을 물리치는 데 필요할 정보 자원 문제의 해결책을 제공할 수도 있지 않았을까? 간단한 답변은 '아니오'다. 긴 답변에는 새로운 절이 필요하다.

양자 정보

이진 데이터는 각각의 비트가 한 번에 하나의 완벽히 결정된 한정적 상태로만 있게 되는 방식으로 인코딩되고, 저장되고, 처리된다. 3장에 나온 동전들은 고전적인 뉴턴 시스템으로서 거기서 통상적인 하나의 비트는 1/0, 켜짐/꺼짐, 앞면/뒷면 등등에 해당하며 오로지 하나의 값만을 표상할 수 있다. 하지만 원자를 구성하는 미립자들의 양자 상태는 독특한 성질을 지닌다. 그것은 한정할 수 있으나 결정되지는 않는, 동시적인 두 상태의 양자 중첩으로 데이터를 저장하는 데 사용될 수 있다. 은유적으로 독자는 에서의 유명한 그림들을 언급하고 싶어 할 수도 있겠다. 그런 그림에는 똑같이 타당하지만 동시에 양립할 수는 없는 해석들이 담겨 있다. 예를 들어, 우리는 노파의 얼굴과 젊은이의 옆모습을 번갈아 볼 수 있지만, 그 둘을 동시에 볼 수 있는 것은 아니다. 그런 상태의 중첩에 따른 결과물이 큐비트qubit, 즉 퀀텀 비트로 알려져 있다. 하나의 큐비트는, 비록 어쩌면 정도의 차이는 있을지언정 실제로 0의 상태와 1의 상태에 **동시적으로** 처해 있다. 이것은 오락가락하는 정보 단위이며, 그것이 불변적으로 0 혹은 1로 붕괴하는 것은 오로지, 일단 그 상태가 관찰되거나 측정되고 나서일 뿐이다. 상태들의 중첩이라는 이 물리 현상은 자연에서는 일상적이지만 우리의 상식에는 매우 반직관적이다. 어떻게 큐비트가 두 개의 상반된 상태에 동시적으로 처해 있을 수 있는 것인지 이해하기가 어렵기 때문이다.

양자 컴퓨터quantum computer, QC는 큐비트를 다루며, 만약 그런 컴퓨터를 만들 수 있다면 대단히 강력해지리라 생각하는 이유도 그 때문이다. 우리의 단순한 컴퓨터가 오로지 세 개의 동전으로만 작동한다고 가정해보라. 각각의 동전은 0이거나 1일 수 있고, 총 8개의 조합, 즉 2^3개의 조합이 존재한다. 여기서 2는 상태의 수이고 3은 동전의 수이다. 이것은 3-비트 레지스터(메모리 장소)로 알려져 있다. 3-비트 레지스터를 사용하는 고전적인 컴퓨터는 8개의 가능한 상태 중 오로지 한 번에 하나씩만 순차적으로 조작할 수 있다. 8가지 상태에 대한 각각의 레지스터 상태를 마련하려면, 고전적 컴퓨터는 8번의 조작이 필요하다. 이제 3-큐비트qubit 레지스터 QC를 가져와보자. 몇 가지를 단순화하면 우리는 2^3의 모든 상태를 동시에 표상하는 양자 레지스터를 '로드load'할 수 있다. 이제는 n번의 기본 조작으로 2^n 개의 가능한 상태들을 포함하는 상태를 생성할 수 있기 때문이다. 그래서 단 한 대의 QC가 모든 큐비트 패턴을 동시적으로 가려냄으로써 8번의 조작을 동시에 수행할 수 있다. 이것이 바로 양자 병렬quantum parallelism이라고 알려진 것이다. 한 번의 조작으로 8가지 상태의 전체 행렬을 전면에 끄집어냄으로써 한걸음에 문제의 가능한 모든 해결책을 다 조사할 수 있는 것이다. 레지스터가 클수록 QC는 기하급수적으로 더 강력해지며, 64-큐비트의 레지스터를 가진 QC는 슈퍼컴퓨터들을 연결한 그 어떤 네트워크보다 더 똑똑할 수 있다.

만약 양자 컴퓨터가 물리적으로 구현된다면, 그것은 단순한 뉴턴 물리학에 기반을 둔 우리의 현재 컴퓨터의 대안으로서 새로운 유형의 정보 시스템을 대표하게 될 것이다. 그 장치가 지닐 더 큰 계산력은 우리에게 계산적 복잡성의 본성과 한계를 재고할 수밖에 없게 만들 것이다. QC는 인수분해의 난점들에 기초한 현행 암호기법의 활용을 쓸모없게 만들 뿐만 아니라, 절대적으로 안전한 암호 시스템을 생성하는 새로운 수단을 제공할 수도 있을 것이며, 더 일반적으로 말하자면, 이례적인 복잡성을 지닌 통계적 계산을 사소한 연산으로 바꾸어놓을 것이다.

불행하게도, 매우 초보적인 시스템들이 일부 성공을 거두기는 했지만, 우리의 노트북 컴퓨터를 대체할 수 있는 QC의 실제 제작상의 난점들은 극복할 수 없는 것으로 밝혀질 수도 있다. 일부 정보 물리학은 우리의 필요에 녹록히 부응하기 매우 어렵고 큐비트는 대단히 취약한 인공물이다. 우리의 회의주의자에 관해 말하자면, 양자 버전의 맥스웰의 도깨비마저도 여전히 앞의 절에서 논의한 제약들에 걸려들게 될 것이다. 그리고 QC의 계산 한도는 고전적 컴퓨터의 한도와 같다. 그것은 원리상 우리의 고전적 기계들로 계산할 수 있는 재귀 함수를 계산할 수 있다(효과적 연산). 그것은 훨씬 짧은 시간에 훨씬 많은 일을 할 수 있다는 점에서 보통의 컴퓨터보다 기하급수적으로 더 효율적이다. 그러나 이것은 질적 차이가 아니라 정보를 다루는 데 사용되는 물리적 자원에 관련된 양적 차이이다. 고전적인 계산은 공간 자원(위치, 메모리, 물리적 상태의 안정성 등등)은 주요한 문제가 아니어도 시간은 그렇다는 사실에 기초한다. 양자 계산은 고전적 계산이 겪는 시간에 관련된 난점들을(일부 정보 처리는 시간을 너무 많이 잡아먹는다) 전환shift을 통해 대처한다. 계산 시간(얼마나 많은 단계가 필요한가)과 공간(얼마나 많은 메모리 용량이 필요한가) 사이의 관계가 전도된다. 즉, 미시적 차원에서 짧게 지속하고 통제가 불가한 중첩이라는 양자 현상을 거시적 차원에서 충분히 길게 지속하고 통제가 가능한 양자 현상으로 변환하여 계산 과정이 실행되게 함으로써, 시간은 공간보다 덜 문젯거리가 되는 것이다. 이런 시프트가 경험적으로 이행 가능할 때에야, 비로소 양자 컴퓨터는 유용한 물자가 될 것이다. 그렇게 되면 아마도 물리학자들은 양자 정보를 강력한 수단으로 사용하여 현재 기술로는 감당하기에는 계산적으로 너무도 벅찬 양자 역학의 가설들과 여타 가설들을 모델링하고 연구할 수 있을 것이다. 실제로 일부 연구자들에 따르면 양자 컴퓨터 덕분에 실재 자체('존재It')가 정보('비트Bit')로 이루어졌음을 발견할 수도 있다. 그것이 이번 장 마지막 절의 주제이다.

비트에서 존재로

2장에서 우리는 야생의 데이터를 '연속체 안의 갈라진 틈들' 혹은 '실재의 조직 내에서 나타나는 균일성의 결여'로 기술한 다는 것을 보았다. 데이터 없이 정보란 있을 수 없지만, 데이터가 반드시 물질적 구현을 요구하지 않을 수도 있다. '데이터 표상 없이 정보도 없다'라는 원리는 흔히 물질주의적으로 해석되곤 한다. '표상=물리적 구현'의 등식을 통해 물리적으로 체화되지 않은 정보의 불가능성을 옹호하는 원리로 여기는 것이다. 이것은 데이터 매개자와 처리 과정의 물리적 속성과 한계를 반드시 고려할 수밖에 없는 정보 시스템의 물리학에서 불가피한 가정이다. 그러나 그 원리 자체가, 디지털 상태나 아날로그 상태의 발생이 궁극적으로 반드시 해당 데이터의 **물질적** 구현을 요구한다는 것을 명시하는 것은 아니다. 그 원리를 받아들이면서도 우주가 궁극적으로 비물질적일 수 있거나 혹은 비물질적 원천에 기초한 것일 수도 있다는 가능성을 여러 철학자가 지지한다. 실제로 실재의 궁극적 본성에 관한 고전적 논쟁은 그 원리에 대한 여러 가지 가능한 해석을 통해 재구성될 수 있을 것이다.

이 모든 것은 어째서 정보 물리학이 이번에는 과학자들 사이에서 인기가 있는 두 개의 구호와도 잘 맞아떨어지는지 설명해준다. 두 구호 모두 정보의 원原물리적proto-physical 본성에 우호적이다. 첫째는 사이버네틱스의 아버지 노버트 위너Norbert Wiener(1894~1964)의 구호로서 다음과 같다. '정보는 정보일 뿐 물질도 아니고 에너지도 아니다. 이를 받아들이지 않는 어떤 유물론도 오늘날 살아남을 수 없다.' 다른 하나는 매우 탁월한 물리학자인 존 아치볼드 휠러John Archibald Wheeler(1911~2008)의 구호다. 그는 '비트에서 존재로'라는 표현을 지어냈는데, 이것은 물리적 실재, 즉 '존재'의 궁극적 본성은 정보적이며 그것이 곧 '비트'에서 나온다는 의미이다. 두 경우 모두 물리학은 자연에 대해 결국은 정보에 기초한 기술記述을 받아들이게 된다. 우주는 근본적으로 물질이나 에너지가 아닌 데이터(디도메나로 이해되는)나 차이들의 패턴 혹은 장場으로 이루어지며, 복잡한 이차적 현시로서 물질적 대상들을 갖는 것이다.

이 정보 형이상학은 물리적인 우주를 거대한 디지털 컴퓨터로 바라보고 이에 따라 역학적 과정을 계산적 상태들에서 일어나는 일종의 전이로 간주하는 더 논쟁적인 관점을 수용할 수도 있으나 꼭 그래야 하는 것은 아니다. 이 차이는 미묘해 보일 수도 있지만 결정적으로 중요하다. 위胃를 마치 컴퓨터인 양(입력, 처리 단계, 출력을 지닌) 기술하는 것과, 위가 실제로 컴퓨터라고 주장하는 것을 대비시켜 상상해보라. 물리적 우주를 디지털적이고 계산적인 것으로 효과적이게 적절히 모형화할 수 있겠느냐는 것과, 물리적 우주의 궁극적 본성이 실제로 디지털적이고 계산적인 것 그 자체일 수 있겠느냐는 것은 다른 질문이다. 첫째 질문은 경험-수리적인empirico-mathematical 질문이며 지금까지 해결되지 않은 채로 남아 있다. 둘째 질문은, 적어도 물리학자와 철학자 대다수에 따르면, 아마도 부정적으로 답변해야 할 형이상학적 질문이다. 한 가지 이유는 디지털 물리학이 제안하는 모형들은 우주에 대한 우리의 현행 이해와는 쉽게 어울릴 수 없는 것들이기 때문이다. 예를 들어, 세스 로이드Seth Lloyd(1960~)는 계산 시스템으로 이해된 물리적 우주라면 빅뱅 이후로 1,090비트에 대해(중력 자유도를 포함하면 10,120비트) 10,120번의 연산을 수행할 수 있었을 것으로 추정한다. 문제는, 만약 이 말이 참이라면 우주는 '메모리 용량 부족' 상태에 처해 있으리라는 것이다. 그 이유를 필립 볼Philip Ball(1962~)이 이렇게 언급한 바 있다.

시간이 시작된 이후의 우주를 상세하게 모든 부분까지 모의하려면 컴퓨터가 1,090개의 비트(이진 숫자 즉 1 또는 0을 저장할 수 있는 장치들)를 보유해야 할 것이다. 그리고 그런 컴퓨터가 그런 비트들을 가지고 10,120번의 조작을 수행해야 했을 것이다. 불행히도 우주에 존재하는 기본 입자는 아마도 대략 1,080개 정도밖에 안 된다.

더구나 세계가 만약 컴퓨터라면, 이것은 세계의 발전에 관한 총체적 예측 가능성과 더불어 또 하나의 악마, 즉 '라플라스의 악마'의 소생을 함축할 것이다.

수리 천문학과 통계학의 시조 중 한 명인 피에르-시몽 라플라스Pierre-Simon Laplace (1749~1827)는 만약 어떤 가설적인 존재가(라플라스의 악마라고 알려진) 우주에 있는 모든 원자의 정확한 위치와 운동량에 관한 필수 정보를 모두 가질 수 있다면, 그 존재는 뉴턴의 법칙들을 이용해 우주의 전체 역사를 계산할 수 있을 것이라고 제안했다. 이런 극단적인 형태의 결정론은 19세기까지 계속 인기가 있었지만, 20세기에는 양자 현상의 표면적인 확률적 본성에 의해 손상을 입었다. 과학은 필연성과 법칙에 기초를 두는 학문에서 확률과 제약에 기반을 두는 학문으로 옮겨갔다. 오늘날 물리학에서 가장 많이 수용되는 견해는, 입자들이 비결정론적으로 움직이며 불확실성의 원리를 따른다는 것이다. 우리가 아는 한, 즉 적어도 물리학자들 사이에서 가장 널리 받아들여지는 양자 역학에 대한 코펜하겐 해석에 따르면, 계산적 결정론은 선택지가 아니며, 라플라스의 악마는 유령이고, 디지털 물리학은 그 악마와 운명을 함께한다.

현대 물리학의 디지털적인 재해석은 이론상 여전히 가능할 수 있지만, 정보-이론적 토대를 기반으로 한 형이상학이 더 유망한 접근 방식을 제공하는 것처럼 보인다. 위너와 휠러를 따라서, 우리는 실재를 정보에 의해 구성된 것으로 해석할 수도 있을 것이다. 이때 정보는 데이터의 응집된 다발들로서, 정신에 의존하지 않는 구조적 존재자들이다. 정보는 균일성을 결여한 구체적이고 관계적인 점들로 이해된다. 그런 구조적 실재는 거기에 거주하는 정보 시스템들, 이를테면 우리 같은 인포그들과의 상호작용 및 그런 시스템들의 본성에 따라서 특정 구성물을 허용하거나 유도하며, 일부 다른 구성물에는 저항하거나 그것을 방해한다. 실재의 본성에 대한 정보적 접근이 만족스럽다면, 그것이 혹시 생명의 본성에 관해서는 무엇을 말해줄 수 있을까? 그리고 어떻게 생물학적 유기체가 데이터의 패턴에 대응하는 것일까? 그것이 다음 장의 주제이다.

6장

생물학적 정보

생물학적 정보는 아주 많은 의미가 있으면서 매우 다양한 목적에 사용될 수 있는데, 그 바람에 너무 포괄적인 것이 되어서 자체의 설명적 가치 대부분을 쉽게 상실할 수 있다. 왜 그런지 이해를 돕기 위해 존이 그의 환경과 주고받은 상호작용으로 되돌아가자(그림 13을 보라).

살아 있는 유기체로서 존은 유전자 코드를 갖는다. 행위자로서 그는 환경에서 얻는 정보를 지각 과정을 통해 입력하고(예를 들면, 그는 빨간불이 들어온 것을 본다), 내부의 신경생리학적 과정을 통해 그런 환경적 정보를 정교화하며(예를 들면, 만약 빨간불이 들어오면 틀림없이 배터리가 방전된 것이라고 깨닫는다), 커뮤니케이션 과정을 통해 환경 속으로 의미론적 정보를 출력한다(예를 들면, 이웃에게 말을 건넴으로써). 각 단계를 생물학적 정보의 사례라고 부를 수 있겠는데, 입력-정교화-출력의 과정들은 내가 방금 제시한 것처럼 똑 부러지게 구분되는 것이 아니라 서로 정밀하게 뒤얽혀 있다. 그 과정들은 여러 분야에서 나름의 전문 어휘를 동원하여 연구될 수 있으며(심리 철학, 신경과학, 심리학, 생리학, 인식론, 정보 이론 등등), 그러면서 여러 가지 정보 개념들이 사방 여기저기에 산재하게 된다. 그런 혼란 상태는 사실상 불가피하고 흔히 돌이킬 수가 없다. 그러므로 길을 잃어버리지 않기 위해, 이번 장에서는 그림 13 에 묘사된, 기존의 매우 단순화되고 도식화된 그림에서 두 가지 측면만을 분석할 것이다. 바로 유전 정보(유기체로서의 존) 의 본성과 정보가 신경과학에서 사용되는 방법이다. 후자의 경우 더 좋은 용어가 없는 관계로, 나는 그것을 신경 정보(뇌로서의 존)라고 부를 것이다. 입력과 출력의 단계는 앞선 장들에서 논의하였다.

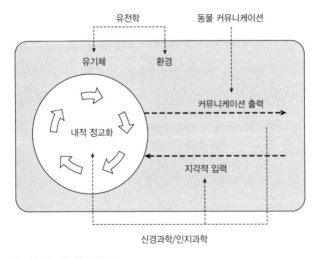

[그림 13] **생물학적 정보**

탐구를 시작하기 전에, 두 가지 개념적 구분이 요긴할 것이다. 첫째는 정보를 언급하는 주된 세 가지 방법이 존재한다는 사실을 떠올리면 유용하리라는 것이다.

(a) 실재**로서의** 정보, 이를테면 패턴, 지문, 나이테 등.

(b) 실재를 **바꾸는** 정보, 이를테면 명령, 알고리즘, 처방전 등.

(c) 실재에 **관한** 정보, 즉 인식적 가치를 가진 정보, 이를테면 기차 시간표, 지도, 백과사전 항목들 등.

어떤 것은 맥락에 따라 하나 이상의 의미에서 정보로 여겨질 수 있을 것이다. 예를 들면, 사람의 홍채는 실재**로서의** 정보의 한 예화일 수 있으며(눈의 세포막 패턴), 그것이 실재를 **바꾸는** 정보(예를 들면, 누군가의 신원을 입증하여 문을 열어주는 생물측정학적 수단으로서), 혹은 실재에 **관한** 정보(예를 들면, 그 사람의 정체에 관한)를 제공한다. 그러나 각각의 경우마다 사용되고 있는 정보의 의미가 무엇인지 분명히 해두는 것이 결정적으로 중요하다. (a) **물리적인지** (b) **지시적인지** 혹은 (c) **의미론적인지**. 불행히도, 생물학적 정보는 흔히 동시에 세 가지 의미로 애매하게 사용되곤 한다.

두 번째 구분도 똑같이 개념적인 구분으로서, '생물학적' 혹은 '유전적'이라는 표현의 두 가지 서로 다른 용법을 바탕으로 언어적으로 더 쉽게 풀어 쓸 수 있다.

A) **한정적**attributive: 생물학적(유전적) 정보는 생물학적(유전적) 사실들에 관한 정보이다.

P) **서술적**predicative: 생물학적 정보는 본성상 그 자체로 생물학적(유전적)인 정보이다.

다음 사례들을 고려해보라. 의료 정보는 의료 사실에 관한 정보이며(한정적 용법), 치료의 속성을 갖는 정보는 아니다. 디지털 정보는 디지털적인 무언가에 관한 정보가 아니라 그 자체로 디지털적인 성격을 지닌 정보이다(서술적 용법). 그리고 군사 정보는 군사적인 무언가에 관한 정보이면서(한정적 용법) 동시에 그 자체로 군사적인 본성을 지닌 것일 수 있다(서술적 용법). 생물학적 혹은 유전적 정보에 관해 말할 때, 한정적 의미는 일상적인 것이고 논쟁의 여지가 없다. 예를 들면, 생물정보학에서 데이터베이스는 전체 인구에 대한 의료 기록과 계보학적 데이터 혹은 유전적 데이터를 포함할 수 있다. 이런 종류의 생물학적 혹은 유전적 정보가 존재한다는 데는 아무도 이견이 없다. 더 논쟁적인 쪽은 서술적 의미이다. 생물학적 혹은 유전적 과정이나 요소가 본래 그 자체로 정보적인가? 만약 생물학적 혹은 유전적 현상이 서술적인 의미에서 정보적으로 여겨진다면, 그것은 단지 모델링의 문제인 것인가? 즉 정보적으로 보일 수도 있다는 말인가? 만일 그 현상이 정말로 정보적이라면, 대체 그것은 어떤 종류의 소재와 관련된 정보적 현상이란 말인가? 그리고 그것의 본성을 이해하려면 어떤 종류의 정보 개념들이 필요할까? 다음 절이 몇 가지 답변을 제공하는 데 도움이 될 것이다.

유전적 정보

유전학은 생물학의 분과로서 살아 있는 유기체의 유전 물질 및 관찰 가능한 특징들(표현형들)의 형질 유전과 변이에 관련된 구조와 과정을 연구한다. 예로부터 인간은 형질 유전과 변이를 활용해왔다. 예를 들면 인간은 동물 품종을 개량해왔다. 그러나 유전학의 시조인 그레고어 멘델Gregor Mendel(1822~1884)이 훗날 유전자라고 불리게 될 것을 통해, 표현형이 한 세대에서 다음 세대로 전달된다는 것을 보여준 것은 19세기에 들어서였다. 노벨 물리학상 수상자인 에르빈 슈뢰딩거Erwin Schrödinger(1887~1961)는 1944년에 '생명이란 무엇인가?'라는 제목을 단 일련의 강의에 기초해 집필한 탁월한 저서에서 유전 정보가 어떻게 저장될 수 있을까에 관한 생각을 개괄했다. 그는 명시적으로 모스 부호와의 비교를 끌어들였다. 1953년에 제임스 왓슨James Watson(1928~)과 프랜시스 크릭Francis Crick(1916~2004)이 현대 과학의 아이콘 중 하나인 저 유명한 이중 나선의 DNA 구조에 관한 분자 모형을 발표했다. 크릭은 슈뢰딩거의 모형에 지적인 부채가 있음을 명시적으로 인정했다. 1962년에 왓슨, 크릭, 그리고 모리스 윌킨스Maurice Wilkins (1916~2004)가 '핵산의 분자 구조 및 살아 있는 물질 내의 정보 전송에서 그 구조의 중요성에 관한 발견'으로 노벨 생리학·의학상을 공동 수상했다. 정보는 유전학의 토대 발상 중 하나가 되었다. 그 이유를 살펴보자.

존은 체세포에 23쌍의 염색체를 지니는데(정자, 난자, 적혈구 세포만이 예외다), 각 쌍의 한쪽은 어머니에게서 나머지 한쪽은 아버지에게서 받은 것이다. 각 염색체는 모두 단백질과 DNA 로 이루어져 있다. 디옥시리보핵산deoxyribonucleic acid(그림 14 를 보라), 즉 DNA는 일부 바이러스를 제외하고 모든 생명 형 태의 유전자 코드를 담고 있는 분자다. DNA는 뉴클레오티드 nucleotide라 불리는 화학적 단위체로 만들어진다. 각각의 뉴 클레오티드에는 네 개의 염기(아데닌adenine = A, 구아닌guanine = G, 시토신cytosine = C, 그리고 티민thymine = T) 중 하나, 인산염 분자 하나, 당 분자인 디옥시리보오스deoxyribose가 들어 있 다. 유전자는 유기체 내의 화학 반응을 수행하는 RNA(리보핵 산ribonucleic acid)와 단백질 같은 기능성 분자들을 만들기 위 한 정보를 담고 있는 DNA 분자의 분절이다.

존의 유전자 코드는 그의 DNA의 길게 꼬여 있는 두 가닥 선 중 하나에 A, G, C, T의 중복 없는 선형적 서열로 저장되 어 있다. 이것들이 코돈codon이라고 알려진 '암호전보'를 쓰는데 사용되는 '철자'다. 각 코돈은 세 문자로 이루어진 특유의 조합으로, 결과적으로 이 코돈들은 DNA 뼈대 안의 단일한 아미노산으로 해석된다. 문자가 네 개이고 그것들이 점유할 수 있는 위치는 세 개이기 때문에, 4^3=64개의 가능한 조합 즉 코돈이 있다. 이런 코돈 중 하나가 시작 신호로 작용하며, 아미노산 사슬을 암호화하는 모든 서열을 개시한다. 이들 코돈 중 세 개는 정지 신호로 작용하고 메시지가 완료되었음을 표시한다. 다른 모든 서열은 특정한 아미노산을 암호화한다.

유전자로부터 단백질을 획득하기 위해서는 두 개의 매우 복잡하고 아직도 완전히 이해되지 않은 과정들이 필요하다. 바로 **전사**轉寫, transcription 와 **번역**translation이다. 전사, 즉 RNA 합성을 통해서 DNA 뉴클레오티드 서열 정보가 RNA 서열 정보로 복제된다. 그 결과 얻게 되는 상보적 뉴클레오티드 가닥은 메신저 RNA, 즉 mRNA라고 불리는데, 그 이유는 그것이 DNA에서 나오는 유전자 메시지를 단백질을 합성하는 세포 시스템에 운반하기 때문이다. 번역, 즉 단백질 초기 생합성 protein initial biosynthesis을 통해서는 mRNA(전사 과정의 결과물)가 해독되어 단백질을 생산한다. mRNA 서열은 일련의 아미노산을 생산하여 단백질을 조립해내는 원판templete 역할을 한다. 일단 단백질이 제대로 생산되면 그것이 작업을 시작해서 그 단백질에 결부된 유전적 형질이 생성된다. 이따금 유전자의 DNA 서열 복제에서 우연 오차(변형, 중복, 간극)가 생길 수

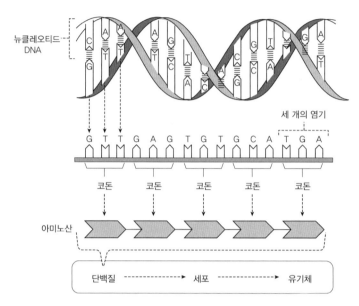

뉴클레오티드 DNA

세 개의 염기

G T T G A G T G T G C A T G A

코돈　코돈　코돈　코돈　코돈

아미노산

단백질 ----------→ 세포 ----------→ 유기체

[그림 14] DNA와 유전자 코드

있다. 이런 뜻밖의 유전적 돌연변이가 단백질 생산에 영향을 미칠 수 있다. 그것은 무해할 수도 있고(아무 효과 없음), 유해할 수도 있고(억제 효과), 이득이 될 수도 있다(촉진 효과). 후자의 경우 그것은 해당 유기체의 생존에 이득을 부여하는 새로운 변형 단백질을 생성한다. 결국 그런 무작위적인 유전적 돌연변이가 새로운 생명 형태의 진화를 가능하게 만든다.

　아주 일반적으로 개괄한 것임에도 불구하고, 유전학에서 정보 개념들이 수행하는 역할이 매우 결정적이라는 점은 벌써 명백하다. 문제는 그렇게나 많은 정보 개념들이 존재한다고 하면, 과연 생물학적 정보('생물학적'이라는 단어의 서술적 용법에서)는 어떤 정보일 수 있겠는가 하는 것이다.

우리는 3장에서 섀넌식의 정보가 다른 부류의 정보를 이해하는 데 필요한 기반을 제공한다는 것을 보았다. 그래서 만약 생물학적 정보가 실제로 정보의 일종이라면, 그것이 수학적 정보 이론이 확인한 인과적 제약과의 물리적 상관관계를 만족해야 한다고 말하는 것은 너무 당연한 말이다. 더 실질적인 설명이 필요하다는 것을 인식한 몇몇 연구자는 생물학적 정보의 의미론적 해석 쪽을 선택했다. 하지만 그것은 과도한 반응처럼 보인다. 의미론적 정보에 관해 말할 수 있는 정확한 의미에서 볼 때, 유전적 정보를 의미론적 정보의 예화로 간주하기는 어려울 것이다. 간단히 말해 유전적 정보는 유의미성, 지향성 intentionality, 관함성aboutness, 진실성 등을 포함해 의미론적 정보의 전형적인 특징을 모두 결여한다. DNA에는 유전자 코드가 들어 있는데, 그것은 정확히 말해서 표현형 발생을 암호화한 유전자가 물리적으로 들어 있다는 뜻이다. 그러므로 DNA는, 마치 CD에 어떤 소프트웨어가 담길 수 있는 것처럼, 유전 정보를 담고 있다. 그러나 유전자 코드genetic code, 혹은 더 간편하게, 그냥 유전자genes는 정보 그 자체이다. 유전자는 라디오가 신호를 전송한다는 의미에서 정보를 **전송**하는 것이 아니다. 유전자의 성공적인 작업 수행에는 정도의 차이가 있으며, 케이크를 만드는 조리법처럼 오로지 부분적으로만 최종 결과를 보장할 수 있다. 환경이 결정적인 역할을 하기 때문이다. 유전자는 편지 봉투나 이메일과 달리 정보를 안에 **담고** 있는 것이 아니며, 설계도처럼 정보를 **기술**하는 것도 아니다. 그것은 수행적 언명performative과 더 비슷하다. '나는 저녁 8시에 오기로 약속한다'라는 말은 약속을 기술하는 것도, 약속을 담고 있는 것도 아니며, 다만 무언가를 하는 것이다. 즉, 발화한 말을 통해 약속 자체를 유효하게 한 것이다. 메시지를 운반하는 비둘기와는 달리, 유전자는 정보를 **운반**하는 것이 아니다. 그것은 열쇠가 문을 여는 정보를 운반하지 않는 것과 매한가지다. 모스 부호에서 한 묶음의 선과 점이 메시지를 인코딩하는 것과는 달리, 유전자는 명령을 **인코딩**하지 않는다. 유전자를 정보의 **담지자**bearer라고 부른다거나 유기체의 발달과 기능에 필요한 **명령을 운반한다**는 식으로 자주 말해지곤 하는 것이 사실이지만, 이런 식의 화법은 유전학에 관해서라기보다 우리에 관해서 더 많이 말하는 것이다. 우리는 지금 우리가 사용하는 컴퓨터에 관해서, 그것이 지능적이지 않다는 것을 알면서도 마치 지능적인 것처럼 말하곤 한다. 마찬가지로 우리는 당연히 생화학적이며 전혀 지향적이지 않은 유전적 구조와 과정에 의미론적 속성을 귀속시키는 경향이 있다. '코드'라는 어휘를 너무 문자 그대로 받아들이지 말아야 한다. 마치 유전자가 **의미론적-기술**記述**적** 의미의 정보인 것처럼 여기지 말아야 한다는 것이다. 그러지 않으면 유전학에 대한 우리의 이해가 어지럽혀질 위험에 빠질 수 있다. 오히려 유전자는 명령들이며, 명령들은 조리법, 알고리즘, 지령처럼 서술적이면서 효과적/절차적 유형의 정보이다. 그래서 유전자는, 다른 필수 불가결한 환경적 요인들과 함께 유기체 발달을 통제하고 인도하는 데 이바지하는 역동적인 절차적 구조물이다. 바로 이 더없이 모양새 좋은 의미를 고려할 때, 우리는 생물학적 정보를 실제로 정보의 일종으로 여겨도 무방한 셈이다. 역동적이고 절차적인 구조물은 특별한 유형의 정보 존재자들로서 그 자체로 지시, 프로그램, 명령 등에 해당한다.

지금 언급한 해석은 수학적 정보 이론과 양립할 수 있고 그것을 보완하는 것이면서도, 의미론적 해석보다는 부담스럽지 않다. 그것은 유전자가 자신이 성취한 바를 어떻게 성취하는지 설명한다는 장점이 있다. 이 해석은 유전자를 명령으로 보고 그런 명령이 성공적으로 이행되기 위해서는 유기체의 연관 요소들 사이에서뿐만 아니라 환경과도 최대의 협력이 필요하다고 보기 때문이다. 그리고 이런 해석은 훨씬 잘 이해되고 철저히 비非지향적인 계산적 어휘들로 유전자 코드를 다루는 정보적 접근 방식을 명료하게 할 수 있다. 이른바 컴퓨터 과학의 명령형 프로그래밍(절차적 프로그래밍이라고도 알려진)과 이를 비교해보라. 명령형 프로그래밍에서 진술들은 프로그램의 상태를 변경시키며, 프로그램들은 컴퓨터가 수행할 일련의 명령들이다. 각 단계(각 염기)가 하나의 지시이며, 물리적 환경은 그 지시에 따라 변경되는 상태를 유지

한다. 지시(유전자, 명령형 프로그램, 조리법)와 그 결과물 사이의 관계는 여전히 기능적이고, 인과적이고, 법칙에 기초한 것이지만, 어떤 의미론도 불러들일 필요가 없다. 명령형 양식으로 써서 기계에 내장해 놓은 기계 코드를 실행하도록 컴퓨터 하드웨어를 설계하는 방식에서 의미론이 아무런 역할도 하지 않는다는 것과 정확히 같은 이치다. 따라서, 이런 구호도 있는 바, 유전자 코드에서는 매체(유전자)가 곧 메시지이다.[4] 생물학적 정보는 그 단어의 서술적 의미에서 절차적이다. 그것은 무언가를 **바꾸는** 정보이지, 무언가에 **관한** 정보가 아니다. 이제 유전 정보를 우리의 지도 위에 올릴 수 있다(그림 15를 보라).

　신경 정보neural information로 넘어가기 전에 마지막으로 한마디만 더 하고자 한다. 물론 유전자는 개별 유기체의 발달만이 아니라 세대를 가로지르는 표현형의 유전을 설명하는 데도 결정적인 역할을 한다. 따라서 유전학과 진화생물학 양쪽다에서 정보적 접근 방식이 받아들여졌으며, 생물학적 인류학이라는 더 높은 차원에서도 그렇다. 예를 들어, 밈Memes(문화적 관념, 상징, 관습 등의 단위 혹은 요소라고들 말하는)은 유전자

---

4 '매체가 곧 메시지다the medium is the message'는 커뮤니케이션 및 미디어 이론가인 마셜 맥루언Marshall McLuhan(1911~1980)의 유명한 선언으로, 그의 저서 《미디어의 이해: 인간의 확장Understanding Media: The Extensions of Man》(1964)에 등장한다.

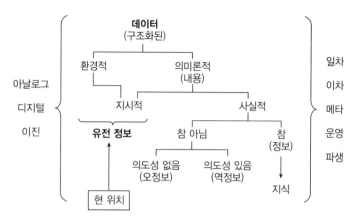

[그림 15] **유전 정보**

의 문화적 유사물로 가정되었다. 그것은 커뮤니케이션과 모
방 현상, 자기복제와 선택압selective pressures에 대한 반응을
통해서 이 마음에서 저 마음으로 전파된다. 하지만 유사한 맥
락들에서 생물학적 정보 개념이, 자체의 유용하고 구체적인
절차적 의미를 상실하고 증대하는 의미론적 의미를 조용히
획득할 수도 있는 위험성이 있다. 우리 지도의 오른편으로 넘
어가게 되는 이런 전환이 시사적일 수도 있지만, 그것은 기껏
해야 발견적 가치를 갖는 것으로 여겨야 한다. 탐구 주제와
관련하여 특정한 문제들을 해결하거나 새로운 특징들을 발견
하는 방식으로만 간주해야 한다는 것이다. 그것은 경험적이
라기보다는 은유적인 쪽에 더 가까워서, 물리적 상관관계나
상호작용의 메커니즘의 측면에서는 거의 설명력을 가질 수
없다.

신경 정보

유전자 변형이 없었다면 아마도 존은 생겨나지 않았을 것이다. 그를 비롯해 다른 거의 모든 동물은(해면동물은 소수의 예외다) 소위 좌우대칭동물에 속한다. 이들은 좌우가 대칭을 이루는 체형의 유기체다. 화석 증거는 좌우대칭동물이 아마도 5억 5천만 년 전쯤에 공통 조상으로부터 진화했음을 보여준다. 존에게는 대단히 실망스럽겠지만, 그 조상은 보잘것없는 관벌레tube worm였다. 그에게는 다행스럽게도, 그것은 아주 특별한 동물이었다. 정확히 언제, 그리고 어떻게, 좌우대칭동물이 신경계를 발전시켰고 그 신경계가 서로 다른 유기체 무리에서 어떻게 더 진화한 것인지는 아직도 분명치 않다. 그러나 어떤 결정적인 시점에 존의 조상은 분절된 몸체를 획득했으며, 각 몸체 마디에는 신경 코드가 있고 그것이 팽대된 것을 신경절이라 부른다. 몸체의 끝에는 더 큰 신경절이 달리는데 그것을 뇌라고 부른다. 궁극의 반反-엔트로피 무기가 탄생한 것이었다. 생물학적인 삶이란 열역학적 엔트로피에 맞서 싸우는 끝없는 투쟁이다. 살아 있는 시스템이란 반-엔트로피적인 정보적 존재자로서, 다시 말해 자신의 생존을 유지하거나 자신을 복제(물질대사)하기 위해, 혹은 그 둘 다를 위해 절차적 상호작용을 실제 구현할 수 있는 정보적 대상(정보 처리 활동들을 체화하고 있는)이다. 단세포 유기체도 생존을 위해 환경에서 정보를 추출하고 그런 정보에 반응한다. 그러나 훨씬 더 다양한 반-엔트로피적 행동들을 실행에 옮기고 통제하는 일이 가능해진 것은 많은 양의 정보를 수집하고 저장하고 처리하고 소통하여 성공적으로 사용할 수 있는 정교한 신경계의 진화가 이루어진 이후였다. 수백만 년의 진화가 이뤄진 지금, 신경계는 많은 다세포 동물에서 발견할 수 있으며, 크기, 모양, 복잡성에서 종마다 대단히 다를 수 있다. 그래서 우리의 현재 목적을 위해 반-엔트로피적인 정보적 행위자로서 알기 쉽게 존에만 집중하여 그의 정보 처리 능력을 개괄하고자 한다.

생물정보학적 관점에서 볼 때 존의 신경계는 자기 자신과 환경에 관한 정보를 관리하는 네트워크로서, 유기체인 본인에게 이득을 주고, 자신의 복지를 증진하며, 자신의 생존과 복제 기회를 증대하는 신체 행위와 반응을 일으킨다. 그런 네트워크 구축의 구성 요소들은 뉴런과 신경교세포로서, 대략 뉴런 한 개에 신경교세포 열 개의 비율이다. 신경교세포는 뉴런을 둘러싸고 있는 특화된 세포로서, 뉴런에 절연絕緣, 영양, 그리고 전기화학적 신호와 관련된 몇 가지 특화된 화학물질을 제공한다. 뉴런은 서로 다른 유형의 전기화학적 신호를 서로 다른 활성 패턴으로 통합하고, 수신하고, 송신하는 특화된 세포들이다. 뉴런들은 모양, 크기, 기능상의 능력에서 매우 다양하지만, 감각-운동 기능에 따라 범주화할 수는 있다. **감각 뉴런**은 신체의 말단으로부터 감각 정보를 수신한다. **운동 뉴런**

은 근육의 움직임을 통제한다. **연합 뉴런**은 감각 뉴런과 운동 뉴런 사이에 위치한다. 대부분 뉴런은 공통 구조를 갖는데, 그림 16은 전형적인 뉴런의 주요 구성 요소 일부를 아주 단순하게 도식화한 것이다.

세포체는 **소마**soma라고 불린다. 소마는 **핵**과 **가지돌기**라고 알려진 나무 같은 구조를 지니는데, 다른 뉴런에서 온 신호가 여기에서 수용되고 통합된다. 신호 수용을 최적화하기 위해 특화된 돌기들이 있을 수 있다. 일반적으로, 가지돌기는 세포막 표면에 수용체 분자들을 포함하는데, 그것은 인접한 뉴런이 방출한 화학적 전달물질, 즉 신경전달물질에 반응한다. 수용체에 신경전달물질이 결합하면 세포막에 **통로**channel가 개방되며 그 통로를 통해 전하를 띤 입자들(이온)이 흘러 들어갈 수 있다. 통로로 들어가는 전기적 흐름의 결과로 수용체 뉴런이 활성화되면 그 자신의 전기화학적 신호를 다른 신경세포로 전달하게 될 확률을 촉진하거나(흥분성) 저해할(억제성) 수 있다. **축삭돌기**는 전기화학적 신호를 중계하는 길고 가느다란 관이다. 축삭돌기는 신경계의 일차적인 전송선으로서 다발을 형성하여 신경을 구성하는 데 도움을 준다. 축삭돌기의 지름은 극미해서 일반적으로 $1\mu m$(마이크로미터)가량 되지만(100만 분의 1m, 혹은 1천분의 1mm. 사람 머리카락이 $100\mu m$인 것을 생각해보라), 길이는 매우 길 수도 있다. 사람 몸에 있는 것 중에 가장 긴 것은 척주의 기부基部에서 양발 엄지발가락까지 뻗쳐 있는 좌골신경의 축삭돌기이다.

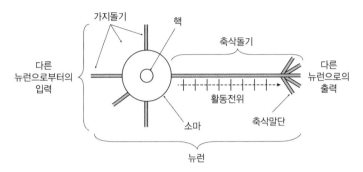

[그림 16] **뉴런을 추상화한 그림**

축삭돌기가 전달하는 전기화학적 신호는 **활동전위**action po-
tential, AP라 불린다. AP는 불Boole 방식의 (전부 아니면 전무) 전
기화학적 신호로서 축삭돌기를 타고 그것의 말단으로 전송된
후 거기서 신경전달물질의 방출을 일으킨다. 물리적으로 AP
는 약 $100mV$($1mV$는 1,000분의 1V다)의 짧게 지속하는(재생되는)
파형spike이다. 그것은 1~3밀리초가량 지속하며 초당 1~100
m의 속도로 축삭돌기를 타고 이동한다. 뉴런의 활성화 강도
에 관한 정보 및 결과적으로 그런 활성화가 운반하는 정보는
활동전위의 빈도(비율)에 의해 전송된다. AP의 크기나 지속
시간은 활성화의 변화를 코드화할 정도로 변동하지 않기 때
문이다. 어떤 뉴런들은 초당 10~100번의 빈도로 활동전위를
항시 분출하며, 시간적인 패턴은 대개 불규칙하다. 다른 뉴런

들은 대부분 시간 동안 조용하다가 가끔 폭발적인 활동전위를 분출한다.

말단단추 terminal button는 축삭돌기의 끝자락으로서 거기에 도착한 활동전위는 뉴런의 전달물질을 방출하는 것으로 전환된다. 대부분 축삭돌기는 널리 가지를 뻗으며, 개별 뉴런이 수천 개의 말단을 가질 수 있다. 일반적으로, 말단에는 신경전달물질 분자로 채워진 시냅스 소포가 모여 있다. 활동전위가 전압-감응성 수용체들을 활성화하여 결과적으로 말단 세포막의 통로가 열리게 된다. 생화학적 사건들의 연쇄적인 발생이 이어지고, 그것은 신경전달 물질의 방출로 귀결된다. 시냅스는 두 뉴런의 접점이며, 여기서 전기화학적 신호가 교환된다.

시냅스에서 흥분성 신호와 억제성 신호를 전송하는 여러 가지 화학물질들이 있다. 신경전달물질이 뉴런에 미치는 효과는 그것이 활성화한 수용기 분자들에 달려 있다. 어떤 경우들에서는 같은 신경전달물질이 흥분성일 수도 억제성일 수도 있으며, 매우 빠르거나 매우 길게 지속하는 효과를 낼 수도 있다. 카페인 같은 약물은 신경전달물질의 활동을 촉진하거나 저해함으로써 뇌 활동을 모사하거나 저해할 수 있다. 여러 가지 아미노산이 신경전달물질의 구실을 한다고 제안되어왔다. 포유류의 뇌에서 가장 흔한 신경전달물질은 글루타민산염과 감마아미노부티르산GABA이다. 그 물질들이 보여주는 단순성과 편재성 및 더 단순한 유기체에서도 나타난다는 사실 등을 고려할 때, 그것들은 가장 초기의 몇몇 전달물질들이 진화한 것일 수 있다.

뉴런은 화학 신호를 전기 충격으로 변환하거나 혹은 그 반대 방향으로 변환하며 작동한다. 그래서 신경계는 데이터를 전기화학적으로 처리하는 복잡한 네트워크이다. 대개 이 네트워크의 구조는 말초 신경계와 중앙 신경계로 구성된다. 말초 신경계는 감각 뉴런과 그것을 척수와 뇌로 연결하는 뉴런으로 구성되어 있다. 뇌와 척수가 중추 신경계를 구성한다. 그래서 말초 신경계는 존의 신체와 외부 세계의 물리적 데이터 흐름(빛, 소리, 냄새, 압력 등) 사이의 인터페이스로서 생리적 상태와 기능을 포함하는 그의 활동을 조율한다. 감각 뉴런은 내부 데이터(신호)를 생성하여 중추 신경계에 전파하는 방식으로 외부 데이터 입력(물리적 자극)에 반응하며, 그러면 중추 신경계는 정교해진 데이터(신호)를 처리하여 신체 시스템에 다시 전송한다. 네트워크 구조의 중앙에 또 다른 복잡한 네트워크가 존재한다. 바로 뇌이다. 존의 뇌는 대략 천억 개의 뉴런으로 이루어져 있고, 각 뉴런은 10,000개에 이르는 시냅스 연결로 이어져 있다.

이렇게 대략 살펴만 봐도, 어째서 신경계와 특히 뇌가 정보적인 시각에서 연구되는지는 명백하다. 한편에서 신경정보과학neuroinformatics은 실험 데이터를 분석하고 통합하여 뇌의 구조와 기능에 관한 기존의 이론들을 개선하기 위해 계산 도구, 방법, 모형, 접근법, 데이터베이스 등을 개발하고 응용한다. 다른 한편에서 계산신경과학computational neuroscience은 생물학적으로 실재하는 뉴런과 신경 네트워크의 정보-이론적이고 계산적인 성격 및 그것들의 생리학과 역학을 탐구한다. 그래서 컴퓨터과학과 ICT는 뇌파검사EGG(뇌 속 뉴런들의 격발이 두피를 따라 촉발하는 전기 활동을 기록하는 기술)와 기능적 자기공명영상fMRI(뇌 안에서 신경 활동에 연결되는 혈액 관련 동적 반응을 측정하는 기술)같이 뇌를 관찰하고 기록하는 특별한 수단을 제공해왔다. 하지만 아직도 뇌는 대부분의 영역이 탐사되지 않은 대륙이다. 커다란 정보적 수수께끼의 하나는, 어떻게 신경계가 변환시킨 물리적 신호가 고차원의 의미론적 정보를 생성하는가 하는 것이다. 존이 빨간불이 들어온 것을 볼 때, 그 환경에서 대략 파장대가 $625 \sim 740 nm$(1나노미터는 10억 분의 1m 혹은 100만 분의 1mm이다. 빨강은 주로 인간의 눈이 식별할 수 있는 가장 긴 빛의 파장으로 이루어진다)인 전자기파의 방사로부터 시작된 연쇄적인 데이터 처리 사건들이 일어난다. 이 사건들의 연쇄는, 자기 앞에 빨간불이 들어왔으며 그것은 아마도 배터리 방전을 의미하리라는 존의 자각으로 끝난다. 이 특별한 여정의 일부 구간은 알려졌지만, 대부분은 아직도 미궁에 빠져 있다. 물론 그 안에 마술은 전혀 없지만, 언젠가 궁극적인 설명이 사람들을 깜짝 놀라게 하지 못하리라는 보장은 없다.

유기체는 매개적인 방식으로 세계에 맞추어 행동하는 경향
이 있다. 유기체는 (감각) 데이터를 정보로 활발히 전환하고
그런 다음 세계와의 상호작용을 관리하기 위해 이 정보를 구
성적으로 처리한다. 이 모든 것은 중간적인 내적 구조물들의
정교화를 수반하며, 이 구조물들은 단기 기억에서부터 일생
의 기억에 이르기까지 다양한 시간 길이로 저장되고, 변환되
고, 조작되고, 소통된다. 인간의 경우 그것은 과거 세대를 포
함해 다른 사람들이 획득한 의미론적 정보를 수집하고, 저장
하고, 수정하고, 교환하고, 통합하고, 갱신하고, 사용하고, 더
나아가 오용하기도 하는 특유의 능력과 관련된다. 다음 장에
서 탐구하게 될 것은 바로 정보의 이런 사회적이고 경제적인
권역이다.

7장

경제적 정보

올리버 스톤 감독의 영화 〈월스트리트Wall Street〉(1987)에서 주인공 고든 게코(마이클 더글러스 분)는 '내가 아는 가장 값진 상품은 정보'라고 선언한다. 아마도 그가 옳았을 것이다. 정보는 언제나 큰 가치를 지니며, 대개 정보를 소유한 사람이라면 그것을 어떻게든 열심히 지키려 해왔다. 예를 들면, 지적 재산을 규정하는 법체계가 존재하는 이유가 바로 그것이다. 지적 재산권은 예술적이고 상업적인 정신적 창조물 및 이에 따른 여러 종류의 유관한 정보와 무형 자산에 관련된 것이다. 저작권, 특허권, 산업디자인, 영업비밀, 상표 등은 일종의 일시적 독점권을 부여하여 그 수익자에게 정보를 개발하고 공유할 수 있는 경제적 유인을 제공하려는 것이다. 유사하게, 많은 나라에서 특권적으로 접근한 회사의 비공개 정보를 이용해 그 회사의 유가증권(예를 들면, 주식 같은)을 거래하는 것은 불법이다. 그런 정보는 전형적으로 그 회사에 근무하는 동안에 취득한다(그래서 그것을 내부자 거래라고 부른다). 군사 정보는 또 다른 좋은 사례다. 정보의 가치를 아주 잘 알았던 율리우스 카이사르Julius Caesar(기원전 100~44)는 장군들과 소통하기 위해, 소위 카이사르 암호라고 알려진, 최초이자 가장 유명한 암호기법 중 하나를 고안했다. 그것은 메시지 안의 각 철자를 알파벳에서 고정된 수만큼 위치를 이동시킨 다른 철자로 대체하는 것이다. 예를 들면, 이동하는 수가 4라면, 알파벳에서 첫째 자리에 있는 A를 다섯째 자리에 있는 E로 바꾸고, 마찬가지 방식으로 B는 F로 바뀌는 것이다. 마찬가지로 우리의 컴퓨터는, 제2차 세계대전 중 영국의 암호해독본부 블레츨리 파크Bletchley Park에서 독일군의 통신문을 해독하기 위해 튜링이 수행한 작업의 결과물인 측면도 어느 정도는 있다. 그리고 인터넷은 미 공군이 핵 공격을 받은 후에도 사활이 걸린 정보를 계속 공유할 수 있게끔 보장하기 위해 냉전 중 개발된 것이었다.

분명히 우리가 정보의 경제 가치에 관해 말할 때, 문제의 그 정보는 **의미론적** 정보다. 예를 들어 전화벨, 이메일, 구두 메시지, 전파 신호, 화학 공식, 웹페이지, 지도 등과 같이 비록 수학적인 제약 아래서 물리적으로 구현되는 것이기는 하지만, 그 정보가 옳거나 진실하다고 여기는 관련 행위자들에게 가치 있는 것은 바로 그 정보가 전달하는 의미다(그림 17을 보라).

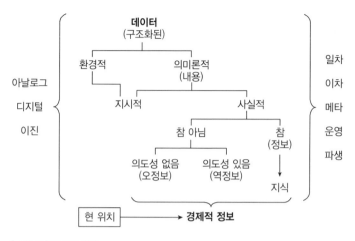

[그림 17] **경제적 정보**

정보의 경제적 가치는 해당 정보가 개방적인 경쟁 시장에서 팔리게 될 가격에 따라 할당될 수 있을 것이다(신고전주의 경제학). 이것은 기본적으로 그 정보를 획득하는 데 관심이 있는 행위자가 그것을 얻기 위해 얼마나 많은 돈을 지급할 의향이 있느냐 하는 문제다. 혹은 정보의 경제적 가치는 그 정보를 보유하게 된 덕분에 아낄 수 있는 시간, 불편, 노동 같은 **자원의 양**量에 견주어 할당될 수도 있을 것이다(고전주의 경제학). 이것은 기본적으로 그 정보를 보유한 행위자가 누리게 될 이득이 얼마나 큰지 혹은 피해를 얼마나 줄일 수 있는지의 문제다. 이 두 해석은 서로 연결되어 있다. 정보의 경제적 가치는 그에 상응하는 가격을 기꺼이 치를 자발적 의지로 귀착되는 기대 효용이다. 두 경우 모두에서 문제의 정보는 이를테면 무시간성, 적절성, 최신성 등과 같은 부가가치적이고 가치 보존적인 특징을 지녀야 한다. 아무도 어제의 신문이나 잘못된 종류의 정보를 돈 주고 사지 않는다. 그런 특징들은 **정보 품질**information quality이라는 일반적인 용어 아래에 속하는 것들이다.

정보가 상품으로 취급될 때 그것은 자동차나 빵 덩어리 같은 다른 일상적인 물건과 차별화되는 세 가지 주요 속성을 지닌다. 첫째, 정보는 비非경쟁적이다. 배터리 방전이라는 정보를 존이 보유(소비)한다고 해서 정비공이 같은 정보를 동시에 보유(소비)하지 못하게 되는 것은 아니다. 빵 덩어리의 경우에는 불가능한 일이다. 둘째, 기본적으로 정보는 비非배제적 non-excludable인 경향이 있다. 지적 재산, 민감한 비공개 데이터, 군사 기밀 같은 일부 정보는 대개 보호되지만, 그러기 위해 적극적인 노력이 요구되는 이유는, 정확히 말해, 통상적으로 배제는 정보의 자연스러운 속성이 아니며 정보는 쉽게 노출되고 공유할 수 있는 경향이 있기 때문이다. 이와 대조적으로, 만약 존의 이웃이 배터리 충전 케이블을 빌려준다면, 그가 그것을 동시에 사용할 수 있는 방법은 없다. 마지막으로, 일단 어떤 가용한 정보가 있다면, 대체로 그것의 복제 비용은 무시해도 무방하다(무無한계비용). 이것은 물론 빵 덩어리 같은 많은 물건의 경우에는 해당하지 않는다. 이런 모든 이유 덕분에 정보가 종종 공공재로 보일 수도 있다. 그리고 바로 그것이 누구나 자유롭게 접근할 수 있는 공공 도서관이나 위키피디아 같은 프로젝트들의 고안을 정당화하는 관점이다.

정보는 유용성 덕분에 경제적 가치를 지닌다. 행위자는 정보를 바탕으로 행동 방침들(선택지 고려하기, 오류 피하기, 선택하기, 합리적 결정 내리기, 등등)을 취한다. 보통 행위자가 그렇게 취한 행동 방침은 그런 정보가 없는 상황에서 획득할 만한 것에 비해 더 높은 기대 보상(기대 효용)을 산출한다. 생물학적으로 보상은 정보 유기체가 자신에게 유리하게 더 높은 확률로 열역학적 엔트로피에 저항하게 된다는 측면에서 이해될 수도 있다. 경제학에서 그것은 어떤 행동 방침의 모든 가능한 결과들과 결부된 효용의 총합인데, 이때 각각의 효용에는 해당 결과가 나올 확률에 따라 가중치가 부여된다. 또한, 여기서 효용이란 어떤 성과로부터, 예를 들면 어떤 상품이나 서비스의 소비를 통해서 얻는 상대적 만족감, 그리고 그 성과의 바람직함의 척도를 가리킨다. 정보가 가져오는 이득은 맥락에 따라 이해할 필요가 있다. 정보를 교환하는 행위자가 단지 개개의 인간들뿐만 아니라 생물학적인 행위자들, 사회적 집단들, 인공적 행위자들(소프트웨어 프로그램이나 산업 로봇 같은), 혹은 온갖 종류의 행위자들을 포괄하는 합성적 행위자들(회사나 탱크 같은)일 수도 있기에 그렇다.

1장에서 우리는 인간 사회가 적절히 기능하고 성장하기 위해 어떻게 정보 처리의 관리와 개척에 의존하게 되었는지 보았다. 놀랄 일도 아닌 것이, 최근 들어 경제적 정보에 관한 과학적 연구가 활짝 꽃을 피운 상태이다. 2001년에 조지 애컬로프George Akerlof(1940~), 마이클 스펜스Michael Spence(1943~), 조지프 E. 스티글리츠Joseph E. Stiglitz(1943~)가 '정보 비대칭 시장의 분석'을 통해 노벨 경제학상을 수상하였다. 실제로 경제학적 주제들에 대한 정보-이론적 접근 방식들이 아주 큰 인기를 얻고 어디서나 수행되는 바람에, 우리가 경제학을 정보 과학의 한 분야로 오인해도 흉이 되지 않을 정도다. 이번 장의 나머지에서 경제적 정보를 사용하는 몇 가지 근본적인 방식들을 살펴볼 것이다. 간략하게 전달하려는 의도도 있으나 오늘날의 흐름도 고려하여, 설명은 게임 이론적인 어휘들로 구성할 것이다. 그러나 게임 유형에 대한 표준 분석을 주로 제시하는 대신에, 우리는 정보 개념들에 초점을 맞출 것이며 그런 다음 그런 개념들이 어떻게 이용되는지 살펴볼 것이다.

완비 정보

게임 이론은 전략적 상황과 행위자들(경기자player들로서, 반드시 인간이라는 법은 없다) 사이의 상호작용(게임들)에 관한 형식적 연구다. 행위자들은 충분히 합리적이고(그들은 다른 경기자들은 전혀 개의치 않고 늘 자신의 이득을 극대화한다), 서로를 의식하며, 그들의 결정은 상호 의존적이고 그로부터 비롯되는 이득에 영향을 미친다는 것을 안다. 일반적으로 말해서, 게임은 네 가지 요소로 기술된다.

(a) 참가하는 경기자들, 그들은 누구이고 그 수는 얼마나 많은가.

(b) 각 경기자의 전략들, 알려진 상황에서 그들이 하기로 합리적으로 결정할 수 있는 것(전략이란 경기자가 취해야만 할지도 모르는 모든 움직임에 대하여 그 실현 가능한 행동을 조목조목 나열한 완전한 행동 계획이다).

(c) 각각의 결과로부터 초래되는 이득, 그들이 각각의 움직임을 통해 얻게 될 것.

(d) 만약 **순차적**인 게임이라면(아래를 보라), 실제 움직임들 혹은 상태들의 순서(타이밍 혹은 차례), 기본적으로 경기자가 게임의 특정 단계에서 어디에 위치하는가.

게임 이론의 주된 목표 중 하나는, 설령 신 같은 존재의 관점에서 볼 때엔 합리적인 최선의 전략이 아닐 수도 있겠지만 게임에 참여하는 경기자 본인의 관점에서는 바꿀 가능성이 낮은 전략들을 채택하게 되는, 일종의 안정된 상황(**평형상태**)이 무엇인지 확인하는 것이다. 많은 종류의 게임이 있고 그래서 평형상태의 형태도 많다. 한 가지 분류 방식은 경기자들이 게임에 관련된 정보를 얼마나 많이 가졌는지, 즉 다시 말해서 (a)~(d)에 대해서 누가 어떤 종류의 접근 방법을 가졌는지 점검하는 것이다.

모든 경기자가 (a), (b), (c)에 관한 정보를 갖고 있을 때, 해당 게임은 **완비 정보**Complete Information에 기초한 게임이라고 말해진다. 완비 정보를 정의하는 또 다른 방식은 공통 지식이라는 측면에서 정의하는 것이다. 즉, 각 경기자가 각 경기자가 아는 것을 다 안다는 식이다. 이를테면, 모든 경기자는 다른 모든 경기자와 그들의 전략과 그에 따라 각 경기자가 얻게 될 이득이 무엇인지 안다. 가위바위보 게임과 죄수의 딜레마가 그런 전형적인 게임에 속한다. 전자를 설명할 필요는 없지만, 후자는 어느 정도 설명할 가치가 있을 만큼 꽤 복잡하다.

죄수의 딜레마의 논리적 구조는 냉전 덕분에 탄생했다. 1950년에 RAND 연구소Research ANd Development(미 육군에 연구와 분석을 제공하려는 계기에서 처음 만들어진 비영리 싱크탱크)가 게임 이론에 관심을 둔 이유는 전 세계적인 핵전략 운용에 여러 가지 응용이 가능했기 때문이었다. 메릴 플러드Merrill Flood(1912~)와 멜빈 드레셔Melvin Dresher(1911~1992)는 둘 다 RAND에서 연구하면서 협력과 갈등의 게임 이론 모형을 고안했다. 그리고 나중에 앨버트 터커Albert Tucker(1905~1995)가 그 구조를 고쳐서 '죄수의 딜레마'라고 명명했다. 그것은 다음과 같다.

　두 명의 용의자 A와 B가 체포된다. 하지만 완전한 유죄 판결을 끌어내기에는 증거가 충분치 않다. 그래서 일단 그들을 따로 떼어 놓은 다음에, 각자에게 다음과 같은 거래를 제안한다. 만약 한 사람이 다른 사람에게 불리한 증언을 하고(변절) 다른 사람은 침묵한다면(의리), 변절한 사람은 기소되지 않을 것이지만, 의리를 지킨 사람은 꼬박 10년 형을 받게 될 것이다. 만약 둘 다 의리를 지킨다면, 각각은 사소한 혐의로 1년 형을 받게 될 것이다. 만약 둘 다 변절한다면, 각자는 완전한 형량의 절반인 5년씩만을 받게 될 것이다. A와 B는 서로 변절하거나 서로 의리를 지키는 쪽을 선택해야 한다. A와 B 둘 다 상대방이 어떻게 나올지 알 수 없다는 점에 유의하라. 이것이 바로 고전적 형태의 죄수의 딜레마가 정확히 가위바위보 게임과 비슷한 **동시 진행 게임**simultaneous game인 이유다. 이것은 타이밍의 문제가 아니라(가위바위보도 역시 두 경기자가 동시에 손을 보여주어야 하는 공시 게임이다) 상대 경기자의 (계획된) 움직임이나 상태에 관한 정보 결여의 문제다. 죄수는 각자 어떻게 해야 하나?

　두 죄수의 개인적 이득은 둘 다 의리를 지켰을 때 더 커진다는 사실에도 불구하고(1년 형), 합리적인 선택은 두 죄수 모두 서로 변절하는 것이다(5년 형). 이상해 보일 수도 있지만, 상대방 죄수가 어떤 결정을 내리느냐와 상관없이, 그들 각자는 변절했을 때 늘 더 큰 이득을 얻는다. 변절이 의리를 **절대적으로 압도**하기 때문에, 즉 어떤 상황에서도 변절이 의리보다 이득이 더 크기 때문에, 내려야 할 합리적 결정은 변절이다 (표 7). 이런 종류의 평형상태는 경제학자 빌프레도 파레토 Vilfredo Pareto(1848~1923)의 이름에서 유래한 '파레토-차선 해결책'으로 분류된다. 더 나쁜 결과를 얻는 경기자는 한 명도 없고 적어도 한 명의 경기자는 더 나아질 수 있는 상황으로의 실행 가능한 변화('파레토 개선'으로 알려진)가 있을 수 있기 때문이다. 다른 세 가지 결과와 달리, 두 죄수가 모두 변절하는 경우는 **내시 균형**Nash equilibrium으로도 설명될 수 있다. 그것은 상대방 경기자의 행동에 관한 가용 정보가 주어진 상황에서 경기자 각자가 자기의 가능한 최선을 다하고 있는 유일한 결과다.

내시 균형은 게임 이론에서 매우 중요한 특징이다. 내시 균형은 모든 경기자가 각자 최선의 선택권을 행사하고 자신들의 전략을 바꾸지 않고 있을 때는 어떤 경기자가 다른 어떤 가용한 전략을 선택하더라도 자신의 처지를 개선할 수 없는 상황을 나타낸다. 그 명칭은 게임 이론에 관한 기초적인 작업을 수행한 공로로 라인하르트 젤텐Reinhard Selten(1930~), 존 허샤니John Harsanyi(1920~2000)와 함께 1994년에 노벨상을 공동 수상했던 존 내시John Nash(1928~)의 이름에서 유래한 것이다.

[표 7] 전형적인 죄수의 딜레마의 통상적인 형식. 도표는 경기자 A의 전략(가로) 및 B의 전략(세로), 그리고 각 경우의 이득(볼드체는 A의 형기, 밑줄은 B의 형기. 지금 경우는 값이 작을수록 이득이 큰 셈이다).

		죄수 A	
		변절	의리
죄수 B	변절	**5** 5	<u>0</u> **10**
	의리	<u>10</u> **0**	<u>1</u> **1**

완비 정보는 동시 진행 게임을 흥미롭게 만든다. 그런 조건이 없다면, 경기자들은 아마도 자신의 행동이 상대방 경기자의 행동에 미치는 효과들을 예측할 수 없을 것이다. 그 조건은 또한 효율적이고 완벽하게 경쟁적인 시장이라는 이론적 모형의 배후에 있는 근본 가정이기도 하다. 그런 시장에서 경제적 행위자들, 예를 들면 구매자와 판매자, 소비자와 회사는 최선의 결정을 내리는 데 필요한 모든 필수 정보를 보유하는 것으로 가정된다. 하지만 그것은 매우 강한 가정이다. 많은 게임은 **불완비 정보**를 기반으로 하며, 적어도 한 경기자는 (a)~(c)의 특징 중 적어도 한 가지에 관한 정보를 갖고 있지 않다. 흥미로운 부류의 불완비 정보 게임들은 비대칭 정보asymmetric information라는 개념에 기초한 것이다.

비대칭 정보

우리가 존과 그의 보험업자(마크라고 하자) 사이의 상호작용을 게임으로 취급한다고 가정해보라. 우리는 존이 건망증이 아주 심해서(그는 자동차 전조등 끄는 것을 자주 까먹는다) 완전히 신뢰할 만하지 않다는 것을 안다(그는 거짓말을 하고 자기 잘못을 아내 탓으로 돌리는 경향이 있다). 하지만 마크는 존에 관한 이런 정보를 모두 갖고 있지 않다. 그렇다면 이것이 바로 비대칭 정보의 사례가 된다. 즉, 한 경기자가 다른 경기자가 놓치고 있는 관련 정보를 가진 것이다. 마크는 정보 부족 상태이며, 그것은 잘 알려진 두 가지 유형의 문제로 이어질 수 있다. **도덕적 해이**moral hazard와 **역선택**adverse selection이다.

역선택 시나리오에서는 건망증이 있는 존 같은 경기자가 자동차 배터리에 관련된 보험에 가입할 확률이 더 높아진다. 정보 부족 상태에 있는 마크 같은 경기자로서는 정보 결핍으로 인해서 존에게 맞춰 자신의 대응 방식(예를 들면 더 높은 보험료를 물리는 식으로)을 조정할 수가 없기 때문이다(마크가 실제로는 충분한 정보를 갖고 있으나 법적 제약에 묶여 손을 못 쓰는 경우도 있을 수 있겠지만, 지금은 정보 결핍이 관련 요점이다).

도덕적 해이 시나리오는 일단 존이 자동차 배터리를 보험으로 처리하게 되면, 그가 전조등을 그냥 켜둔다든가 자동차 배터리를 이용해 아이팟을 충전한다든가 하는 식으로 훨씬 더 부주의하게 처신하리라는 시나리오다. 이것 역시, 정보 부족 상태의 경기자인 마크가 존의 행동에 관해 충분한 정보를 갖고 있지 않기 때문에 생기는 일이다(혹은 그런 정보를 사용할 수 있는 법적 권한이 없어서일 수도 있겠지만, 다시 한번 지금의 관심사는 정보적인 측면이다).

사례들이 보여주는 바와 같이, 이 두 문제는 쉽게 결합할 수 있다. 정보 비대칭이 알려졌기 때문에 정보 부족 상태의 경기자들은 주로 과잉 반응을 보이게 된다. 마크는 모든 고객에게 더 높은 보험료를 요구할 것이다. 고객 중 일부가 존과 같은 사람일 것이기 때문이다. '선한' 경기자들이 정보 부족 상태의 경기자들에게 자신들에 관한 정보를(그들이 어떤 '유형'인지를 알려주는) 제공하여 그 비대칭 관계의 균형을 바로잡을 필요가 생겨난다. 우리는 이미 스펜스와 스티글리츠를 만난 적이 있다. 그들은 각기 어떻게 비대칭적 정보가 극복될 수 있는지에 관한 영향력 있는 분석을 발전시켰다. 각각 **신호보내기**|signalling와 **선별하기**|screening이다.

신호보내기는 **파생적 정보**(2장을 보라)를 이용해 기술할 수도 있다. 정보가 있는 경기자는 자신의 유형을 파생적으로 표시해주는 신뢰할 만한 정보를 정보 부족 상태의 경기자에게 제공한다. 신호보내기는 계약 이론에 관한 연구 문헌에 막대한 영향을 미쳤기 때문에, 여기서는 교과서적인 사례를 약간 각색하여 제시한다.

내가 처음 옥스퍼드에 도착했을 때 나는 왜 그렇게도 많은 아주 똑똑한 학생들이 실업자가 될지도 모르는 명백한 위험을 무릅쓰고 철학과 신학을 공부하려 하는지 전혀 이해할 수 없었다. 대부대의 철학적 신학자들을 도대체 누가 필요하다 했던가? 나는 스펜스의 신호보내기 이론을 이해하지 못했던 것이다. 고용주들은 더 나은 재능을 가진 지원자들을 고용하고 그들에게 더 높은 임금을 지급할 것이다. 하지만 그들은 지원자의 실제 재능에 관해 정보 부족 상태에 있으며, 당연히 지원자는 모두 본인이 매우 뛰어난 재능을 지녔다고 주장할 것이다. 이런 경우의 비대칭 정보 상황에서(고용은 불확실성 하에서 이루어지는 투자 결정이다) 잠재적 피고용자들인 우리의 철학적 신학자들은 명문 학교의 학위를 취득함으로써 자기들의 유형(뛰어난 재능)을 정보 부족 상태에 있는 잠재적인 고용주들에게 신호한다. 이것은 단지 금전적인 측면만이 아니라 경쟁, 노력, 요구되는 재능 등의 측면에서도 값을 치르는 일이다. 그러나 신호보내기의 성공을 위해 치른 값에 관한 한, 공부한 전공이 무엇이냐(일차적 정보)는 아무 상관이 없다. 다만 값비싼 학위를 취득했다는 사실이 올바른 신호(파생적 정보)를 보내주기만 하면 된다.

선별하기는 신호보내기와는 반대처럼 보일 수 있다. 정보를 지닌 경기자가 자신의 정보를 신호하는 것이 아니라, 정보 부족 상태에 있는 경기자가 정보를 지닌 경기자에게 선택지들의 목록을 제시하여 정보를 공개하도록 유도하는 것이다. 예를 들면, 다른 가능한 계약서들을 제시하여 정보를 지닌 행위자의 선택이 그 정보를 노출하게끔 하는 것이다. 예를 들면, 마크는 존에게 자동차 배터리를 보장하는 다른 할증 혹은 할인의 조합들을 제시함으로써 위험 고객으로서 존의 프로파일이 명백해지게 만들 수 있다.

정보 부족 상태의 경기자가 불이익을 극복할 수 있는 한 가지 방법은 그들이 다루고 있는 상황으로 이끌었던 모든 단계의 재구성을 시도하는 것이다. 그것이 바로 통상적으로 은행이 주택담보대출을 신청하는 고객을 상담하게 되는 이유다. 게임이 그런 정보를 기본적으로 가용하게 만들 때, 그것을 완전 정보라고 부른다.

완전 정보

만약 경기자들이 (d), 즉 게임에서 취해진 적이 있는 모든 움직임이나 경기자들이 처해 있는 상태들의 이력에 전면적으로 접근할 수 있다면, 그들은 **완전 정보**perfect information를 가진다. 삼목 게임tic-tac-toe과 체스는 완전 정보 게임의 사례들이다. 이 두 게임은 **단독 정보 집합**information singleton(정확히 하나의 정보만 원소로 가진 집합)으로서 완전 정보에 대한 더욱 형식적 정의를 잘 설명해준다. 정보 집합은 게임에서 특정 경기자와 그 경기자의 해당 정보 상태에 따라 취해질 수도 있었던 모든 가능한 움직임을 보여준다. 그래서 완전 정보 게임에서 모든 정보 집합은 오로지 하나의 원소만을 포함한다(단독 원소 집합이다). 그것은 이른바 그 게임이 그 단계에서 도달한 지점을 기술하는 것이다. 그것이 삼목 게임에서는 3×3의 눈금 위에 놓인 X와 O의 특정한 배열이 될 것이다. 체스에서는 말판 위에 놓인 살아 있는 모든 기물의 특정한 배열이 될 것이다. 만약 그 지점이 둘 이상이라면(눈금이나 말판의 두 가지 배열), 경기자는 현재 게임이 그 둘 중 어느 상황에 있는 것인지 알지 못해서 게임의 이력에 관해 불확실해질 것이고, 결과적으로 완전 정보를 갖지 못하게 될 것이다.

완비 정보는 게임이 지닌 (a)~(c)의 특징들(경기자, 전략, 이득)에 관련된 것이고 반면 완전 정보는 오로지 (d)의 특징(움직임 혹은 상태)에만 관련된 것이기 때문에, 분명히 체스처럼 완비되고 완전한 정보를 가진 게임이 있을 수 있고, 앞의 절에서 본 것처럼 완비되지만 완전하지는 않은 정보를 가진 게임도 있으며, 오직 완전 정보만 가질 뿐 완비 정보를 가지지 못하는 게임도 있을 수 있다. 그런 일은 같은 게임에 참여한 경기자들이 실제로는 '서로 다른' 게임을 하고 있음으로써 (b)나 (c) 혹은 그 둘 다의 특징에 관한 어떤 정보가 없을 때 벌어질 수 있다. 존이 딸인 질과 체스를 두면서 딸이 이기도록 게임하되 그것을 눈치 못 채게만 하면 존으로서는 이기는 것보다 지는 것에 더 큰 보상을 얻는 경우가 이런 사례라 하겠다.

완전 정보는 몇몇 순차적 게임들의 흥미로운 특징이다. 게임의 경기자들이 움직임에 나서는 미리 정해진 순서가 있고 적어도 일부 경기자가 선행하는 경기자들의 움직임에 관한 정보를 가질 때, 그 게임을 순차적이라고 말한다. 움직임의 순서가 있다고 해도 그것에 접근하지 못한다면 불충분하다. 그런 경우라면 그 게임은 결과적으로 동시 진행되는 것이며 시간 차이는 아무런 전략적 의의도 갖지 않기 때문이다. 만약 모든 경기자가 다른 모든 경기자의 이전의 모든 움직임이나 상태에 관한 정보를 갖고 있다면, 그 순차적 게임은 완전 정보의 게임이다. 맥스웰의 도깨비와 라플라스의 악마(6장)는 완비되고 또 완전하기도 한 정보의 1인 경기자 게임들로 기술될 수 있을 것이다. 만약 오로지 일부 경기자만이 완전 정보를 갖는다면, 그런 순차적 게임은 불완전 정보의 게임이라는 것을 아래에서 보게 될 것이다. 스크래블Scrabble[5]이 이런 경우에 속하는 사례. 이 게임에서 각 경기자는 다른 경기자가 어떤 패를 가졌는지 정보를 갖고 있지 않다. 포커도 같은 이

---

5 알파벳 타일을 보드 위에 늘어놓아 가로나 세로로 영어 단어를 만들면 점수를 얻는 보드게임.

유에서 이 경우에 포함된다.

순차적 게임에서 불완비 정보나 불완전 정보를 가진 행위자들은 그 게임의 (a)~(c)의 특징들에 관한 정보나 (d)의 특징에 관한 정보에 해당하는 귀중한 무언가를 결여한 것이다. 불완비 정보 게임들은 베이지안 게임Bayesian games으로도 알려져 있다(다음 절을 보라). 베이지안 게임에서는 임의성과 불확실성의 원천인 자연이 경기자로 도입된다. 자연의 역할은 이중적이다. 자연은 유형들을 값으로 취할 수 있는 임의의 변항을 각 경기자에게 할당하고(예를 들어, 경기자 A는 유형 x나 y나 z일 수 있다), 그런 유형들에 모종의 확률들을 연관시킨다. 경기자의 유형은 그 경기자의 보상 함수payoff function를 결정하며, 유형과 연관된 확률은 그 경기자(유형이 명시된 대상)가 실제 그 유형일 확률이다. 여기서 불확실성은 적어도 한 경기자는 다른 경기자의 유형과 그에 상응하는 보상 함수에 관한 정보를 갖고 있지 않다는 것을 의미한다. 그래서 경기자들은 게임을 시작할 때 각 경기자의 유형에 관하여 몇 가지 믿음들을 갖지만, 게임을 진행하면서 새로운 움직임을 근거로 그 믿음들을 수정할 필요가 있다. 유형에 관한 정보 결핍과 그에 따라 경기자 중 적어도 한 명의 보상에 관하여 발생한 정보 결핍의 원천으로 자연의 (미지의) 움직임을 끌어들임으로써 우리는 불완비 정보 게임을 불완전 정보 게임으로 변환할 수 있다. 그렇게 해서 우리는 불완전 정보 게임에 대한 내시 균형을 발견하고 그런 다음 그것을 불완비 정보 게임에 대한 베이즈-내시 균형으로 일반화할 수 있을 것이다.

일반적으로 정보가 불완비되거나 불완전할 때마다 우리가 실제 가진 정보로부터 우리가 결여한 정보를 '역행 추론'(거꾸로 추측하기)하는 방식을 통해, 경기자들(유형, 전략, 보상 등)에 관해서건 혹은 그 게임의 이력에 관해서건, 그런 결여한 정보를 가능한 한 많이 획득해야 할 필요가 있다. 이 거꾸로 추론의 과정이 베이지안 추리를 통해 이뤄진다.

베이지안 정보

확률론의 한 분과로서 베이즈주의는 많이 응용되고 있으며 다른 장에서 소개할 수도 있었다. 굳이 여기서 논의하려는 이유는, 정보 부족 상태의 행위자가 추가 정보를 입수할 수 있게 됨에 따라 자신의 행동 방침을 개량할 필요가 생긴 동적 맥락에서 어떻게 자신의 정보를 개선하거나 갱신할 수 있는지에 대한 우리의 이해를 베이즈주의가 돕기 때문이다. 간단한 사례를 고려하는 것으로 시작해보자. 존의 딸 질은 많은 이메일을 받는다. 그리고 그중 오로지 소수가(이를테면 2%라고 하자) 어떤 소프트웨어 바이러스에 감염되어 있다. 그녀는 매우 신뢰할 만한 백신 소프트웨어를 사용하는데, 95%의 검출 성공률을 보인다. 즉 그 소프트웨어가 거짓 양성false positive 판단을 내놓을 확률은 오로지 5%뿐이다. 그 소프트웨어는 감염되었을 가능성이 있는 이메일을 삭제하지 않고, 대신 질이 점검할 수 있는 특별한 격리 폴더로 이동시킨다. 질은 멀쩡한 이메일을 골라내기 위해서 그 폴더를 얼마나 자주 점검해야 하는지 알고 싶을 것이다. 그녀가 암묵적으로 묻고 있는 질문은 이것이다. 평균적으로 내 이메일의 2%가 실제 감염되고 내 백신 소프트웨어의 검출 성공률이 매번 95%일 때, B라는 사실(이메일이 백신에 의해 차단되어 격리 폴더에 들어가게 되는)이 주어진 상황에서 A(그 이메일이 실제로 감염되었을)의 확률이 얼마일까? 질은 올바른 전략을 채택하는 데 도움이 될 잃어버린 정보 조각을 획득하는(배우는) 방법을 막 확인한 셈이다. 만약 격리 폴더에 있는 일부 이메일이 감염되지 않았을 수 있는 확률이 매우 낮다면, 그녀는 가끔만 점검하면 될 것이다. 그녀는 그처럼 빠진 정보 조각을 어떻게 획득할 수 있을까? 베이지안 접근법을 이용함으로써 답을 얻을 수 있다.

토머스 베이즈Thomas Bayes(1702~1761)는 장로교 목사이자 영국의 수학자였다. 사후에 출판된, 확률에 대한 그의 연구는 오늘날 베이즈 정리로 알려진 것과 확률론의 새로운 응용 분과로 이어졌다. 그 정리는 사건 B가 주어졌을 때 사건 A의 사후 확률을 계산한다. 즉, A의 선행 확률 $P(A)$에 기초하여 $P(A|B)$를 계산하는 것이다. 기본적으로 그것은 우리에게 어

떤 종류의 정보가 역으로 추리될 수 있는지 말해준다.

베이즈 정리를 도입하기 위해 우리의 사례로 되돌아가자. 질은 어떤 행동을 취해야 하는지 알고 싶지만, 매우 중요한 정보가 없다. 그녀는 정보 부족 상태다. 만약 이메일이 격리 폴더에 들어가 있다는 사실 하에서 그 이메일이 감염되었을 확률이 얼마인지 알 수 있다면, 그녀는 올바른 행동 방침을 채택할 수 있을 것이다. 질은 백만 통의 이메일에 대해 이상적인 검사를 시행하기로 한다. 그 결과가 그림 18에 나와 있다. 백신에 차단되기 이전에 이메일이 감염되었을 수 있는 확률은 2%이다. 하지만 격리 폴더 안에 있는 이메일이 실제로 감염되었을 확률은 실제로 대략 28%이다. 질은 이제 막 자신

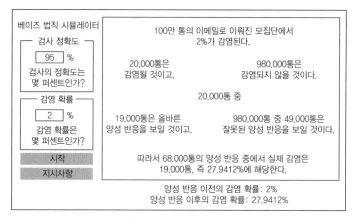

[그림 18] **베이즈 정리의 간단한 응용.** 미카엘 쇼어Mikhael Shor, '**베이즈 법칙 애플릿**'(GameTehory.net, 2005, http://www.gametheory.net/Mike/applets/Bayes/Bayes.html)을 허가 하에 각색 및 재수록.

의 행동을 형성하는 데 필요한 유관한 새 정보를 획득한 것이다. 분명히 그녀는 더 자주 폴더를 점검해야 한다.

베이즈 정리는 잘 알려진 공식으로 질의 추리를 다음과 같이 형식화한다.

$$P(A|B) = \frac{P(B|A) \times P(A)}{P(B|A) \times P(A) + P(B|A^c) \times P(A^c)}$$

이제 베이즈 정리가 말하고자 하는 바가 무엇인지 풀어볼 때다. 질은 똑똑한 소녀다. 친구인 매기는 그렇지 않다. 매기는 같은 백신 프로그램을 사용하며 대략 비슷한 수의 이메일을 받는데 그 안에는 거의 비슷한 양의 감염된 이메일이 포함되어 있다. 하지만 질이 매기에게 격리 폴더를 자주 점검해야 한다고 설명하자, 매기는 깜짝 놀란다. 매기는 만약 이메일이 감염되었다면, 백신 프로그램이 차단했을 것이며, 격리 폴더에는 오로지 백신 프로그램이 차단한 이메일만 들어 있으므로, 따라서 그 안에 있는 모든 이메일은 감염된 것이 틀림없다고 생각했기 때문이다. 더 형식적으로 말하자면, 매기는 A이면 B인데, B가 주어졌으니 A라고 추론한 것이었다. 질은 매기에게 그런 추론은 전형적인 논리적 실수(오류)지만 바보 같다고 생각할 이유는 전혀 없다고 설명한다. 베이즈 정리를 다시 한번 생각해보라. 공식 $P(B|A^c)$를 들여다보자. 여기서

A^c(절대 여집합)은 단지 A의 부정을 나타내는 또 다른 표기일 뿐이다. $P(B|A^c)$는 백신 소프트웨어가 이메일이 감염되지 않았는데(A^c) 그 이메일을 차단할 확률(B)을 나타낸다. 우리가 완벽하고 오류가 없는 백신 소프트웨어를 보유한다고 가정해보라. 이 소프트웨어는 어떤 거짓 양성 판단도(어떤 실수도) 생성하지 않을 것이다. 그러나 거짓 양성 판단이 없다면, 즉, $P(B|A^c)=0$이라면, $P(A|B)=1$이고, 베이즈 정리는 다음과 같은 양방향 함축으로 분해된다. 만약 A라면, 그리고 오직 그럴 때만 B인데, B가 주어졌으므로, 따라서 A이다. 이것은 오류가 아니며 아마도 매기가 염두에 둔 것이 바로 이런 생각이었을 수 있다. 반면, 일부 거짓 양성 판단이 나온다면, 즉, 만약 $P(B|A^c)>0$이라면, $P(A|B)<1$이고 이 공식은 문제의 그 오류와 강한 가족유사성을 띠게 되며 이 또한 매기가 염두에 둔 생각일 수 있다. 어느 쪽이든, 매기는 그런 이메일이 격리 폴더에 있다는 사실로부터 추출할 수 있는 종류의 정보에 초점을 두기 위해 지름길을 택한 것이다(즉, 그녀는 확률들을 무시했다). 그리고 후회하느니 조심하는 편이 낫다는 현명한 조언에 따라 그녀는 격리 폴더의 모든 내용물을 위험한 것으로 취급했다. 결과는 매기가 논리적 생무지가 된 덕분에(그녀는 비록 형식적으로는 오류가 있는 추리지만, 그래도 주변 환경에서 유용한 정보들을 뽑아내는 벼락치기 방법을 제공하도록 재활용될 수 있는 추리에 의존한다) 살뜰한 사람이 된 것이다(그녀는 질보다 훨씬

적은 항목들을 신뢰한다). 이것이 분명치 않다면, 독자는 다음의 마지막 사례를 한번 생각해보라.

존은 만약 배터리가 방전이라면 엔진에 시동이 걸리지 않으리라는 것을 안다. 불행히도, 엔진에 시동이 걸리지 않는다. 그래서 존은 정비소에 전화를 건다. 배터리가 방전이라면 엔진에 시동이 걸리지 않으리라는 사실이 주어진 상황에서 정비공은 존에게 엔진에 시동이 걸리지 않으므로 배터리 방전이 틀림없다고 말한다. 존은 딸인 질에게 베이즈주의의 교훈을 배운 덕분에, 정비공의 추리가 그릇된 것임을 안다. 그러나 그는 또한 대부분의 시간 동안 여러 가지 것들을 바르게 이해하는 데 도움을 준 지름길로 그 추리가 꽤 정확하다는 것도 안다. 평균적으로 어떤 소리도 나지 않고 시동이 전혀 걸리지 않는 엔진은 배터리가 완전히 방전된 결과물이다. 정비공은 지름길을 택한 것이지만, 거기에 '아마도'를 보냈어야 했을 것이다.

8장

정보의 윤리

다양한 정보 개념을 헤쳐 온 우리의 여정이 거의 마무리되었다. 우리는 정보 혁명을 살펴보는 것으로 시작했고, 이제는 그것의 윤리적 함축들 몇 가지를 살펴볼 준비가 되었다.

이전 장들은 ICT가 우리의 삶에 불러온 몇 가지 결정적인 변혁을 설명했다. 도덕적인 삶은 고도로 정보 집약적인 게임이므로 '정보의 삶'을 극단적으로 개조하는 모든 기술은 모든 도덕적 경기자에게 여러 가지 심원한 도덕적 함축을 가질 수밖에 없다. 우리가 단지 커뮤니케이션 기술의 변화가 아니라 존재론적 혁명에 관해 말하고 있음을 상기하라. ICT는 도덕적 쟁점들이 생겨나는 맥락을 극단적으로 변형시킴으로써 오래된 문제들에 흥미로운 새 차원들을 보탤 뿐만 아니라, 방법론적으로 우리의 윤리적 입장들이 기반을 둔 바로 그 토대를 재고하도록 우리를 인도한다. 어떻게 그런지 살펴보자.

새로운 환경 윤리로서의 정보 윤리

ICT는 많은 방식으로 행위자의 도덕적 삶에 영향을 끼친다. 단순하게 설명하기 위해, ICT를 다음과 같은 방식으로 세 노선을 따라 도식적으로 구성해볼 수 있다. 우리의 도덕적 행위자 A가 곤경에 처한 상황에서 자기가 최선의 행동 방침이라고 생각하는 것이라면 무엇이든 따르고자 하는 데 관심이 있다고 가정해보라. 우리는 A의 평가와 상호작용이 **어떤** 도덕적 가치를 가질 것으로 당연히 생각할 테지만, 지금 단계에서는 구체적인 가치를 도입할 필요는 없다. 직관적으로, A는 어떤 정보(**자원**으로서의 정보)를 활용하여 어떤 다른 정보(**생산물**로서의 정보)를 생산할 수 있으며, 그러는 동안 그의 정보적 환경(**표적**으로서의 정보)에 영향을 끼칠 수 있다. 그림 19로 요약한 이 단순한 모형은 정보 윤리information ethics, IE에 속하는 가지 각색의 쟁점들에서 처음 방향을 잡아가는 데 도움을 줄 것이다. 나는 이것을 RPT 모형(R은 자원Resource, P는 생산물Product, T는 표적Target)이라고 부를 것이다.

RPT 모형은 온갖 다양성과 오랜 전통을 지닌 정보의 더 근본적인 현상들을 부각함으로써 간혹 특정 기술技術들에 부과되곤 하는 과도한 강조(이런 일은 **컴퓨터** 윤리에서 가장 두드러지게 발생한다)를 바로잡는 데 유용하다. 이것은 위너의 입장이기도 했으며, 컴퓨터 윤리의 개념적 토대들에서 접하게 되는 다양한 난점들은 아마도 틀림없이, 아직 컴퓨터 윤리가 생태 관리와 인포스피어의 행복을 주된 관심사로 삼아야 하는 환경 윤리로 주요하게 인정되고 있지 않다는 사실과 연결될 것이다. 1980년대에 처음 저술들이 등장한 이래 정보 윤리는 RPT 모형에서 세 개의 구분되는 "정보 화살들"과 관련하여 생겨나는 도덕적 쟁점들에 관한 연구라고 주장되어왔다.

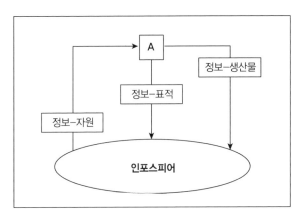

[그림 19] '**외적**' RPT 모형

'자원으로서의 정보' 윤리

먼저 A의 도덕적 평가와 행위에 대해서 **자원**으로서의 정보가 수행하는 결정적인 역할을 고려해보라. 도덕적 평가와 행위는 인식적 구성 요소를 가진다. 왜냐하면 A는 어떤 주어진 환경에서 무엇을 할 수 있고 또 해야 하는가에 관해 (더 나은) 결론에 도달하기 위해서, '자신의 정보를 최대한으로' 처리해 나갈 것으로, 다시 말해, A는 자기가 모을 수 있는 정보라면 무엇이든 활용할 것으로 기대해볼 수 있기 때문이다. 일찍이 소크라테스는 도덕적 행위자는 상황이 요구하는 최대한의 값진 정보를 획득하는 일에 자연스럽게 관심이 있으며 제대로 된 정보를 갖춘 행위자는 올바른 일을 할 가능성이 더 크다고 주장하였다. 이로부터 나온 '윤리적 주지주의'는 악과 도덕적으로 나쁜 행동은 정보 결핍의 소산이라고 분석한다. 거꾸로, A의 도덕적 **책임**은 A의 정보 수준에 직접적으로 비례하는 경향이 있다. 후자의 감소는 일반적으로 전자의 감소에 상응한다. 정보는 바로 이런 의미에서 사법적 증거의 모습을 띠고 나타난다. 우리가 A의 정보에 기초한 결정, 정보에 기초한 동의, 제대로 된 정보의 확보에 기초한 참여 등에 관해 말할 때도 바로 이런 의미에서다. 예를 들면, 기독교 윤리에서는 설령 최악의 죄를 저질렀다 할지라도 죄인의 불충분한 정보를 참작하여 반反사실적인 평가가 가능하므로 용서받을 수 있다. 즉, A가 제대로 정보를 갖추었더라면, A는 다르게 행동했을 것이며, 그래서 죄를 저지르지 않았으리라는 것이다(〈누가복음〉 23장 24절). 세속적인 맥락에서 오이디푸스와 맥베스는 정보 자원의 잘못된 관리가 어떻게 비극적인 결말을 불러올 수 있는지 상기시켜 준다.

'자원'의 관점에서 볼 때 도덕 기계moral machine가 제대로 기능하려면 정보가 필요하다. 그것도 아주 많이 필요해 보인다. 하지만 오로지 자원으로서의 정보에만 기초함으로써 결과적으로 단지 인포스피어에 대한 의미론적인 관점에만 기반을 두게 되는 분석이 채택하는 제한적인 범위 내에서라 할지라도 주의를 기울여야 할 점이 있다. 모든 윤리적 담론이 정보 자원의 더 나은 질과 양과 이해 가능성의 미묘한 차이들의 문제로 축소되지 않게 해야 한다는 것이다. 더 많은 게 더 낫다는 것이 유일한 경험칙도 아니고 언제나 최선인 경험칙도 아니다. 가끔은 정보의 (때로는 명시적이고 의식적인) 철회가 중대한 차이를 만들 수도 있기 때문이다. A는 익명성 보호, 공정한 대우의 향상, 편향되지 않은 평가의 집행 등과 같은 도덕적으로 바람직한 목표들을 성취하기 위해서, 어떤 정보는 모자란 채로 둘(혹은 그런 정보에 알아서 접근을 자제할) 필요가 있을 수 있다. 존 롤스John Rawls(1921~2002)의 '무지의 베일'은 공정성이라는 측면에서 정의를 향한 공평한 접근법을 발전시키기 위해, 정확히 자원으로서의 정보가 지닌 이런 측면을 이용한 것으로 유명하다. 정보를 얻는 것이 늘 축복은 아니며 심지어는 도덕적으로 잘못이거나 위험한 일일 수도 있다.

자원으로서의 정보의 현존(양적, 질적인 측면에서) 혹은 부재(전면적인)가 문제가 될지 말지와 상관없이, 정보 윤리를 이른바 정보 자원의 '삼중의 A'에서 생겨나는 도덕적 쟁점들에 관한 연구로 기술하는 것도 매우 합당한 의미를 지닌다. 삼중의 A란 정보 자원의 구성 방식, 종류, 물리적 기반과는 별개로 정보가 지니고 있는 **유효성**availability, **접근성**accessibility, **정확성** accuracy을 말한다. 정보 자원의 윤리로 이해된 정보 윤리에서 쟁점이 되는 사례들로는 소위 디지털 격차, 과잉 정보공급의 문제, 정보 원천의 신뢰성과 신용에 대한 분석 등이 있다.

'생산물로서의 정보' 윤리

정보가 중요한 도덕적 구실을 하는, 앞선 의미와도 밀접한 연관성이 있는 두 번째 의미는 A의 도덕적 평가와 행위의 **생산물로서의 정보**이다. A는 정보 소비자일 뿐 아니라, 기회의 이득을 누릴 수 있으면서도 다른 한편으로 제약을 받기도 하는 정보의 생산자이기도 하다. 제약과 기회 둘 다 윤리적인 분석이 필요하다. 그래서 이제 생산물로서의 정보 윤리로 이해된 정보 윤리는 예를 들면 **책임, 배상책임, 명예훼손 법률, 증언, 표절, 홍보, 선전, 역정보**, 그리고 더 일반적으로 **화용론적인 대화 규칙들**이라는 맥락에서 생겨나는 도덕적 쟁점들을 포괄할 수 있다. 이마누엘 칸트Immanuel Kant(1724~1804)가 제안한 거짓말의 비도덕성에 관한 분석은 이런 종류의 정보 윤리와 관련된 철학 문헌에서 가장 잘 알려진 사례 연구 중 하나이다. 그리스인들의 목마를 반대하며 트로이 사람들에게 절망적인 경고를 보냈던 카산드라와 라오콘은 우리에게 정보 생산물의 비효율적인 관리가 어떻게 비극적인 결과를 낳을 수 있는지 상기시킨다.

'표적으로서의 정보' 윤리

A의 정보 입력(정보적 자원)이나 출력(정보적 생산물)과 별개로 정보가 윤리적 분석의 대상이 될 수 있는 세 번째 차원이 있다. 이른바 A의 도덕적 평가와 행위가 정보적 환경에 영향을 미칠 때다. 이의 사례로는 A가 누군가의 정보 **프라이버시나 기밀성**을 존중하거나 침해하는 경우를 들 수 있다. 정보 시스템(보통은 컴퓨터화된)에 허가되지 않은 접근을 시도한 것으로 이해되는 **해킹**은 또 다른 좋은 사례이다. 해킹을 정보 자원의 윤리라는 개념 틀 안에서 다뤄야 하는 문제로 오인하는 경우가 드물지 않다. 이런 잘못된 분류 때문에 해커가 자신이 접근한 정보를 전혀 사용하지 않았다고(오용하지 않은 것은 물론이고) 주장함으로써 자기 행동을 변명할 수 있도록 허용하게 된다. 하지만 제대로 이해하자면 해킹은 프라이버시 침해의 한 형태이다. 문제가 되는 것은 A가 허가 없이 접근한 그 정보로 무엇을 하느냐가 아니라 A가 어떤 정보적 환경에 허가 없이

접근했다는 사실이 의미하는 바가 무엇이냐이다. 그러므로 해킹의 분석은 표적으로서의 정보 윤리에 속한다. 이에 속하는 다른 쟁점들로는 **보안, 문화 파괴**(도서관과 책의 소각에서부터 바이러스 전파에 이르는), **저작권 침해, 지적 재산권, 공개소스, 표현의 자유, 검열, 필터링, 내용 통제** 등이 있다. 존 스튜어트 밀 John Stuart Mill(1806~1873)의 〈사유와 토론의 자유에 관하여Of the Liberty of Thought and Discussion〉는 표적으로서의 정보 윤리로 해석되는 정보 윤리의 고전이다. 아버지 살해 장면이 재연되도록 일을 꾸민 햄릿과 죽음을 가장했던 줄리엣은 정보적 환경을 안전하게 관리하지 않으면 어떻게 비극적인 귀결을 낳을 수 있는지 보여준다.

정보 윤리에 대한 미시윤리적 접근 방식의 한계들

이 개관을 마무리하는 시점에서 RPT 모형은 정보 윤리에 대한 서로 다른 해석들에 속해 있는 가지각색의 쟁점들에서 어떤 방향으로 논의를 시작할지 파악하는 데 도움을 줄 수 있을 것처럼 보인다. 하지만 그런 장점에도 불구하고, 그 모형은 두 가지 측면에서 부적절하다는 비판을 받을 수 있다.

우선, 그 모형은 너무 단순화되어 있다. 여러 가지 중요한 쟁점들이 주로 어느 한 개의 '정보 화살'을 분석하는 차원에 해당하기는 하겠지만, 그렇다고 해도 그 **차원에만 유일하게 해당하는 것은 아니다.** 독자들은 이런 문제를 설명하는 여러 가지 사례들을 이미 생각해 본 적이 있을 것이다. 누군가의 증언은 다른 누군가의 신뢰할 만한 정보이다. A의 책임은 A가 보유한 정보에 의해 결정될 수도 있지만, A가 발행한 정보와 관련된 문제일 수도 있다. 검열은 정보 사용자로서의 측면과 생산자로서의 측면 모두에서 A에 영향을 끼친다. 그릇된 정보는 (즉, 거짓되고 오도된 내용을 의도적으로 생산해서 유포하는 것) 세 가지 '정보 화살' 모두에 관련된 윤리적 문제이다. 또한, 표현의 자유는 도덕적으로 문제가 될 수도 있어서 퍼뜨리면 안 되는 침해적인 내용(예를 들면, 아동 포르노, 폭력적인 내용, 사회적·정치적·종교적으로 무례한 진술들 등)의 입수 가능성에 영향을 끼친다.

다른 한편으로 이 모형은 충분히 포괄적이지 않다. 지도상에 결코 쉽게 위치시킬 수 없는 많은 중요한 쟁점들이 있다. 그런 쟁점들은 실제로 '정보 화살들' 사이의 상호작용들에서 등장하거나 혹은 거기에 수반되기 때문이다. 중요한 사례 두 가지면 충분할 것이다. 하나는 이른바 '빅 브라더big brother'로서, 그것은 A와 관련이 있을 수 있는 모든 정보를 **감시하고 통제하는** 문제이다. 다른 하나는 **정보 소유권**(저작권과 특허권 입법을 포함하여)과 **공정한 사용**에 관한 논쟁으로서 이런 요소들은 사용자와 생산자의 정보적 환경을 형성해가면서 그 둘에 영향을 끼친다.

그러므로 비판은 합당하다. RPT 모형은 실제로 부적절하다. 하지만 그것이 부적절한 이유와 그것을 어떻게 개선할 수 있느냐는 다른 문제다. 방금 제공한 3원적 분석은 부분적으로 유용함에도 만족스럽지 않다. 그 이유는 정확히 '정보 화살들' 중 하나에만 기반을 둔 정보 윤리의 모든 해석은 너무 축소적일 수밖에 없기 때문이다. 위에서 언급한 사례들이 부각해주는 바와 같이, **미시윤리**로서의 정보 윤리(그것은 실천적, 분야-의존적, 응용된, 전문적 윤리이다)에 대해 협소하게 고안된 해석들을 지지하는 사람들은, 아직 드러나지 않았거나 해명되지 못한 채로 남아 있는 엄청나게 다양한 유관 쟁점들에 대처할 수 없다는 문제에 직면한다. 그 모형은 **정보 사이클**의 몇몇 제한된 측면들만을 특별 대우하는 특유한 형태의 정보 윤리가 불만족스럽다는 것을 보여준다. 우리는 이 모형을 사용하여 문제들을 깔끔하게 분류하려 하지 말아야 한다. 그것은 불가능한 일이다. 오히려 이론적이고, 분야-독립적이면서, 응용이 가능한 윤리인, 이른바 **거시윤리**로서의 정보 윤리에 대한 더 포괄적인 접근을 고려하면서, 그 모형을 장차 대체되어야 할 유용한 도식 정도로 활용해야 한다.

정보 윤리에 더 포괄적으로 접근하려면 세 단계를 밟는 것이 필요하다. '정보 화살' 세 개를 한데 모아야 한다. 전체적인 정보 사이클을 고려해야 한다. 그리고 인포스피어의 본성과 관련하여 첫 장에서 강조한 존재론적 전환을 진지하게 받아들일 필요가 있다. 이것은 연루된 모든 존재자(도덕적 행위자 A를 포함하여)와 그들의 변화, 행위, 상호작용을 정보적으로 분석하되, 그들을 정보적 환경과 별개로서가 아니라 그 환경의 일부로서 다루는 것을 의미한다. 실제로 그들 자체가 정보적인 시스템들로서 그 환경에 속해 있는 존재자들이다. 처음 두 단계는 특별한 문제를 제기하지 않고 정보 윤리에 대한 다른 접근 방식들과 공유할 수도 있겠지만, 결정적으로 중요한 세 번째 단계는 '정보'에 대한 문제를 존재론적으로 개념화하는 일종의 '업데이트'를 수반한다. 미시윤리로서의 정보 윤리에 대한 모든 협소한 해석이 불가피하게 분석의 범위를 (진실한) 의미론적 내용에 한정할 수밖에 없는 반면에, 정보 윤리에 대한 생태적 접근 방식은 정보를 **또한** 존재자로도 취급한다. 다른 말로 하면, 우리는 정보 윤리에 관하여 광범위하게 형성된 인식론적 혹은 의미론적 개념화(여기서 정보란 대략 뉴스나 콘텐츠에 상당하는 것일 수 있다)에서 전형적으로 존재론적인 개념화로 이동하여, 정보를 세계 내의 패턴이나 존재자와 동급으로 취급하는 것이다. 즉, 그림 20에 표현된 수정된 RPT 모형에서, 행위자는 정보적 행위자 즉 인포그로서 역시 동등하게 정보적이라 할 환경 안에서 체화되고 그 안에 내장된다.

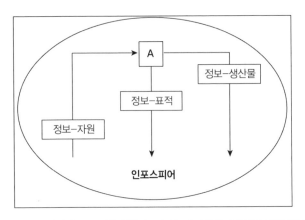

[그림 20] 내적 RPT 모형. 행위자 A가 인포스피어 안에 올바로 포함되어 있다

간단한 유비가 이 새로운 관점을 소개하는 데 도움을 줄 수 있다. 화학적인 관점에서 전 우주를 바라본다고 상상해보라. 모든 존재자와 과정은 특정한 화학적 기술을 만족할 것이다. 예를 들면, 인간은 대부분 물로 이루어져 있다 할 것이다. 이제 정보적인 관점을 고려해보라. 같은 존재자가 데이터 뭉치, 즉 정보적 대상으로 기술될 것이다. 더 정확하게 말하자면, 우리의 행위자 A는 (다른 모든 존재자와 마찬가지로) 불연속적이고 자족적인 꾸러미로서 그 안에 다음과 같은 요소들을 보유하고 있다. 첫째, 해당 존재자의 본성, 다시 말해 그 대상의 상태와 독특한 정체성과 속성을 구성하는 적합한 데이터 구조들. 둘째, 다양한 상호작용 혹은 자극(즉, 다른 대상들이나 자기 내부의 변화들로부터 수신한 메시지들)으로 활성화되어 그에 따라 대상이 어떻게 움직이고 어떻게 반응하는지를 규정하는

연산, 기능, 절차 등의 묶음. 이런 분석의 차원에서 그런 정보 시스템들은 단지 일반적인 살아 있는 시스템이라기보다 동등하게 정보적으로 기술되는 환경적 과정, 변화, 상호작용을 갖춘 온갖 행동의 행위자 agent 겸 피동자 patient의 역할로 격상된다.

정보 윤리의 **본성**을 인식론적으로가 아니라 존재론적으로 이해하는 것은, 그것의 **범위**에 대한 해석을 수정한다는 뜻이다. 생태적 정보 윤리는 정보의 전체 생명주기에 대한 총체적 관점을 획득하게 됨으로써 다른 미시윤리적 접근법들의 한계를 극복할 수 있을 뿐만 아니라, 다음 절에서 설명하는 바와 같이, 거시윤리의 역할, 즉 전체 실재의 영역에 관련된 윤리의 역할을 주장할 수도 있다.

거시윤리로서의 정보 윤리

정보 윤리를 도덕적 쟁점들에 대한 일반적인 접근법으로 도입하는 간명한 방식은 그것을 환경 윤리와 비교하는 것이다. 환경 윤리는 생물학적 존재자와 생태계의 도덕적 지위에 대한 분석 근거를 **생명**의 고유한 가치성과 **고통**의 고유한 부정적 가치에 둔다. 그것은 생명 중심적이다. 그것은 피동자 지향의 윤리를 발전시키고자 애쓴다. 여기서 '피동자'란 인간만이 아니라 모든 형태의 생명일 수 있다. 실제로 땅의 윤리는 피동자 개념을 환경을 구성하는 모든 요소에까지 확대하는 것으로서 정보 윤리가 옹호하는 접근법에 가까워진다. 모든 형태의 생명은 적어도 최소한으로 그리고 상대적으로(혹시라 도 다른 이해관계와 대비해서 기각할 수도 있다는 의미에서) 존중받 아 마땅하고 존중을 요구할 수 있는 어떤 본질적 속성이나 도 덕적 이해관계를 가진다고 여겨진다. 그러므로 생명 중심의 윤리는 어떤 행위에서든 피동자(수신자)의 본성과 안녕이 그 것의 도덕적 지위를 (적어도 부분적으로) 구성하며, 피동자는 상호작용 중인 행위자에게 중요한 권리들을 행사한다고 주장 한다. 원리상 이런 권리 행사는 행위자의 윤리적 결단에 지침 이 되고 행위자의 도덕적 행동을 제약하는 데 이바지해야 한 다. 행위의 '수신자'인 피동자가 도덕적 관심의 중심으로서 윤리적 담론의 핵심에 위치하게 되고 반면에 모든 도덕적 행 위의 '전송자'인 행위자는 주변부로 옮겨간다.

이제 '생명life'을 '존재existence'로 대체하라. 그러면 정보 윤리가 무엇에 해당하는 이론인지 분명해질 것이다. 그것은 여전히 피동자 지향적이면서 **생명중심주의**biocentrism를 **존재중 심주의**ontocentrism로 바꾼 생태 윤리이다. 그것은 생명보다 더 기초적인 무언가인, 이른바 **있음**being(즉, 모든 존재자와 그들의 총체적 환경의 존재와 번영)이 있으며, 고통보다 훨씬 더 근본적 인 무언가인, 이른바 **엔트로피**가 존재한다고 제안한다. 후자는

5장에서 논의한 어떤 체계의 뒤섞임 정도를 나타내는 열역학적 엔트로피 개념이 **단연코 아니다**. 지금 말하는 엔트로피란 정보적 대상들에 대한(단지 의미론적 내용으로서의 정보에 대한 것이 아님을 유념하라) 온갖 종류의 **파괴**, **부패**, **오염**, **고갈**을 가리킨다. 다시 말해서, 온갖 형태로 실재가 빈곤해지는 것을 일컫는 것이다. 그래서 정보 윤리는 정보적으로 **있는 것**의 전체 영역을 이해하기 위한 공통의 어휘를 제공한다. 정보 윤리는 있음/정보가 고유한 가치성을 지닌다고 주장한다. 정보 윤리는 모든 정보적 존재자가 자신의 지위를 계속 지킬 권리와 번영할 권리, 즉 자신의 존재와 본질을 개선하고 풍요롭게 할 수 있는 권리를 가진다는 것을 인정함으로써 그 입장을 구체화한다. 그런 '권리들'의 결과로서 정보 윤리는 모든 도덕적 행위자의 의무를 인포스피어의 성장에 얼마나 공헌했느냐의 측면에서 평가하고, 전체 **인포스피어**(단지 어떤 한 정보적 존재자가 아니라)에 부정적으로 영향을 끼치는 모든 과정, 행위, 사건을 인포스피어의 엔트로피 수준을 증가시킨 것으로 보며, 따라서 악의 한 사례로 평가한다.

정보 윤리에서 윤리적 담론은 정보적으로 이해된 모든 존재자에 관심을 둔다. 즉, 단지 모든 인간과 그런 인간의 문명, 행복, 사회적 상호작용만이 아니라, 단지 동물과 식물 그리고 그것들 특유의 자연적 생명만이 아니라, 그림과 책에서부터 별과 돌에 이르기까지 존재하는 모든 것, 미래 세대처럼 앞으로 존재할 수 있거나 존재하게 될 모든 것, 우리의 조상이나 오래된 문명들처럼 과거에 존재했지만 이제 더는 존재하지 않는 모든 것에 관심을 두는 것이다. 정보 윤리는 공평하고 보편적이다. 왜냐하면 정보 윤리는 도덕적 권한(그것이 얼마나 작건 상관없이)의 중심으로 여겨질 수 있는 것의 개념을 확장해온 지금까지의 과정을 궁극적인 완결로 이끌어가기 때문이다. 그 개념은 이제 정보적으로 이해된 **있음**의 모든 사례를 포함하며, 그럴 때 그것이 물리적으로 구현된 것이냐 아니냐는 중요치 않다. 이런 측면에서 정보 윤리는, **있음**의 표현으로서 모든 존재자는 존엄성을 지니며, 나름의 존재 양식과 본질(그것이 지금의 그것이 되기 위해 있어야 하는, 그것을 형성하는 모든 기본 속성들의 묶음)에 의해 형성된 것으로서 존중받아 마땅하며(적어도 기각 가능하다고 하는 최소한의 의미에서라도), 따라서 상호작용하는 행위자에게 도덕적 권리를 요구하고 그의 윤리적 결심과 행동에 지침을 주고 제약하는 데 이바지해야 한다고 주장한다. 이런 **존재론적 평등의 원리**ontological equality principle 는 모든 형태의 실재(모든 정보/있음의 사례)가 단지 있는 그대로 존재한다는 사실만으로 그것의 본성에 적합한 방식으로 존재하고 발전할 수 있는 최소한도의, 기각 가능한, 평등한 권리를 시작부터 지닌다는 것을 의미한다. 존재론적 평등의 원리를 의식적으로 인정한다는 것은, 객관적인 관점, 즉 최대한 인간 중심적이지 않은non-anthropocentric 관점에서 도덕적 상황에 대해 치우침 없는 판단을 내린다는 것을 이미 전제로 하는 것이다. 이런 인식적 덕성 없이 도덕적 행동을 하게 될 가능성은 떨어진다. 존재론적 평등의 원리를 적용하는 일은 행위에 공평함과 보편성과 '배려'가 있을 때마다 성취된다. 이런 접근 방식의 근저에는 행위자와 피동자를 한데 묶어주는 **존재적 신탁**ontic trust이 놓여 있다. 존재적 신탁의 개념을 명료하게 하는 간명한 방식은 '사회 계약' 개념과 비교해보는 것이다.

다양한 형태의 계약론contractualism(윤리학에서)과 계약주의 contractarianism(정치철학에서)는 도덕적 책임, 정치적 복종의 의무, 사회 제도의 정의 등이 소위 '사회 계약'에 의해 뒷받침 되는 것이라고 주장한다. 이것은 사회를 구성하는 당파들 사이의(예를 들면, 국민과 통치자, 공동체의 구성원들, 혹은 개인과 국가) 가설적인 합의일 수도 있다. 각 당파는 계약 조건을 받아들이기로 동의함으로써, 그들이 이른바 가설적인 자연 상태에서 누렸을 법한 일부 자유를 내어주고 몇 가지 권리들을 획득한다. 합의에 찬성하는 당파들의 권리와 책임이 사회 계약의 조건들이며, 반면, 사회, 국가, 단체 등은 그 합의를 강제하기 위한 목적으로 만들어진 존재자이다. 권리와 자유 둘 다고정된 것이 아니며 사회 계약의 해석에 따라 변동할 수 있다.

사회 계약 이론에 대한 해석들은 매우 (그리고 종종 부지불식 간에) 인간 중심적이고(초점이 오로지 합리적 인간 행위자에게만 있다) 합의의 강제적 본성을 강조하는 경향이 있다. 이 두 측면은 **존재적 신탁** 개념의 특성이 아니지만, 당파들 사이의 근본적 합의가 도덕적 상호작용의 토대라는 기본 발상은 일리가 있다. 존재적 신탁의 경우에는, 그런 합의가 논리적으로 사회 계약에 선행하는 원시적이고 완전히 가설적인 **협정**pact으로 변환되며, 그 협정은 모든 행위자가 존재하게 될 때 서명할 수밖에 없는 것으로서 세대가 바뀌더라도 지속해서 갱신된다.

영국 법체계에서 신탁은 누군가(수탁자)가 보유하며 관리하는 것으로서, 그는 어떤 사람(위탁자, 혹은 기탁자)의 기존 자산을 특정한 사람들이나 존재자들(수혜자)을 위해 관리한다. 엄밀히 말해 아무도 그 자산을 소유하지 않는다. 위탁자는 그것을 기부한 것이고, 수탁자는 오로지 법적 소유권만을 가지며, 수혜자는 오로지 형평법상의 소유권만을 갖기 때문이다. 이제 이런 종류의 합의에 들어 있는 논리적 형식을 존재적 신탁의 모델을 만드는 데 이용할 수 있다. 다음과 같은 방식이다.

- 자산 혹은 '원금'은 존재하는 모든 행위자와 피동자를 포함하는 세계에 해당한다.
- 위탁자는 과거와 현재의 모든 행위자 **세대들**이다.
- 수탁자는 현재의 모든 **개별** 행위자들이다.
- 수혜자는 현재와 미래의 모든 **개별** 행위자와 피동자이다.

어떤 것이 생성되면 그것은 다른 존재자들의 존재 덕분에 행위자가 될 수 있다. 따라서 행위자는 **본의 아니게 그리고 불가피하게** 기존에 존재하는 모든 것에 얽매인다. 그리고 그러면서도 행위자는 또한 **보살피는** 태도를 지녀야 한다. **본의 아니게**인 이유는, 이론상 어떤 행위자든지 존재하지 않기를 스스로 의도할 수는 있어도, 존재하기를 스스로 의도하는 행위자는 없기 때문이다. **불가피하게**인 이유는, 어떤 행위자가 존재적 유대를 깨뜨릴 수 있는 것은 오로지 그 행위자가 행위자로서 존재하기를 멈추는 대가를 치름으로써만 가능하기 때문이다. 도덕적 삶이 자유로운 행위에서 시작하는 것은 아니지만 그런 행위로 끝날 수는 있다. **보살피는** 태도를 지녀야 하는 이유는, 행위자를 포함해 모든 존재자가 실재에 참여한다는 사실, 다시 말해 모든 존재자가 존재함의 표현이라는 사실이 존재할 권리를 제공하고 더불어 다른 존재자를 존중하고 보살필 것을 권유(의무로 강제하는 것이 아니라)하기 때문이다. 그렇다면 협약은 어떤 강압이 아니라 인정, 감사, 보살핌의 상호관계와 관련되며, 그것은 모든 존재자가 서로에게 의존한다는 것을 받아들임으로써 길러진다. 존재는 선물로 시작한다. 혹시 원치 않은 선물일지라도 그렇다. 태아는 처음에는 오로지 세계의 수혜자일 것이다. 일단 태어나서 완전한 도덕적 행위자가 되고 나면, 그는 한 개인으로서 세계의 수혜자이자 수탁자가 될 것이다. 그는 세계를 돌보는 책임을 맡게 될 것이며, 그가 살아 있는 행위자 세대의 일원인 한, 세계의 위탁자이기도 할 것이다. 죽으면, 그는 세계를 자기 다음에 오는 다른 행위자들에게 남길 것이며 그래서 위탁자 세대의 일원이 될 것이다. 간단히 말해서 인간 행위자의 삶이란 오로지 수혜자이기만 하는 데서 시작해 오로지 위탁자로만 되는 여정으로서, 그 사이에 세계를 책임지는 수탁자가 되는 단계를 거치게 되는 것이다. 우리는 세계의 이방인으로서 도덕적 행위자의 이력을 시작한다. 우리는 세계의 친구로서 그 이력을 마쳐야 한다.

존재적 신탁이 부과하는 의무와 책임은 상황에 따라 다양하겠지만, 근본적으로 그 신뢰에 대한 기대는 전체 세계의 복지라는 관점에서 어떤 행위가 채택되거나 기피되리라는 것이다.

존재론적 관점의 급진적 변화가 지닌 결정적인 중요성은 아무리 높게 평가해도 지나치지 않다. 생명 윤리와 환경 윤리는 완전한 공평성의 수준을 성취하지 못한다. 그런 이론은 생기 없는 것, 생명 없는 것, 무형의 것, 추상적인 것에 대해 여전히 편견적인 태도를 보이기 때문이다(심지어 땅의 윤리도 예를 들면 기술과 인공물에 대해 마찬가지로 편견을 드러낸다). 그런 이론의 관점에서는, 온 우주의 그 무엇도 주목하지 않을 아무리 사소한 도덕적 권리라 할지라도, 오로지 직관적으로 살아 있는 것들만이 그런 권리 주장의 합당한 중심으로 여겨질 수 있다고 본다. 지금 정보 윤리가 극복하려 하는 근본적인 한계가 정확히 바로 그것이다. 정보 윤리는 도덕적 관심의 중심이

되는 자격을 얻기 위해 충족해야 할 최소한의 조건을 더욱 낮
춰서, 모든 존재자가 공유하는 공통 인자, 즉 그것의 정보적
상태를 그 조건으로 삼는다. 그리고 **있음**의 모든 형태는 또한
정합성 있는 정보체이기도 하므로, 정보 윤리가 정보 중심적
이라고 말하는 것은 그것을 존재 중심적 이론으로 바르게 해
석하는 것과 다를 바 없는 것이 된다.

그 결과 정보적 대상으로서 모든 존재자는, 비록 어쩌면 기
각될 수도 있는 아주 최소한의 것일지는 몰라도 어쨌든 내재
적인 도덕적 가치를 지니며, 따라서 그 존재자들은 모두 도덕
적 피동자에 포함될 수 있고, **사심 없이, 감사해하는, 주의 깊은
관심**으로 이해되는 최소한의 동등한 도덕적 존중의 대상이 된
다는 것이다. 철학자 아르네 네스Arne Naess(1912~2009)가 주
장한 바와 같이, '생물권에 존재하는 만물은 살아서 번성할
동등한 권리를 지닌다.' 이것보다 더 고결하고 더 포괄적인
존재 중심적 관점을 채택하지는 말아야 할 좋은 이유는 없는
것처럼 보인다. 무생물만이 아니라 관념적이거나 무형이거나
지성적인 대상들 역시, 그것이 아무리 하찮아 보여도 최소한
의 도덕적 가치를 가질 수 있으며, 따라서 어떤 측면에서 존
중받을 자격을 지닌다.

알베르트 아인슈타인의 편지 중 하나에 정보 윤리가 옹호
하는 존재적 관점을 잘 요약한 유명한 구절이 나온다. 죽기
몇 년 전 아인슈타인은 열아홉 살 소녀에게서 여동생의 죽음

을 슬퍼하는 편지 한 통을 받았다. 소녀는 그 유명한 과학자가 뭔가 위로가 될 말을 해줄 수 없겠는지 알고 싶었다. 1950년 3월 4일에 아인슈타인은 답장을 보냈다.

인간은 우리가 우주라고 부르는 전체에 속한 일부로서 시간과 공간의 제약을 받는 일부분입니다. 인간은 저 자신, 제 생각과 감정을 나머지 것들과 동떨어진 무언가로 경험하는데, 그것은 인간의 의식이 빚어낸 일종의 시각적인 착각이지요. 이런 착각은 우리에게는 일종의 독입니다. 개인적인 욕망과 자기와 가까운 몇몇 사람들에 대한 애정에 자신을 제한하게 만드는 것이지요. 우리의 과제는 우리의 연민의 범위를 모든 인류와 제 나름의 아름다움을 지닌 자연 전체를 포괄할 수 있도록 확장함으로써 우리 자신을 우리가 만든 감옥에서 풀려나게 하는 것이어야 합니다. 아무도 이를 완전히 성취할 수는 없을 테지만, 그런 성취를 위한 노력 그 자체가 해방의 일환이자 내면적인 안도감의 토대입니다.

심층 생태학자들은 무생물도 어떤 고유한 가치를 가질 수 있다고 이미 주장한 바 있다. 역사가 린 타운센드 화이트 주니어Lynn Townsend White, Jr.(1907~1987)는 한 유명한 논고에서 이렇게 물었다.

사람들은 바위에 대해 윤리적 의무를 갖는가? [그리고 이렇게 답했다] 역대로 기독교 정신을 지배해온 관념들이 여전히 머리에 꽉 차 있는 거의 모든 미국인에게, … 그런 질문은 아무런 의미도 없다. 상당히 많은 무리의 사람들에게 그런 질문이 더는 우스꽝스럽지 않게 여겨지는 때가 온다면, 우리는 가치 구조 변화의 문턱에 서 있게 될 것이며, 그것은 점점 심각해지는 생태 위기에 대처하기 위한 가능한 방책을 만들어줄 것이다. 부디 충분한 시간이 남아 있기를 희망한다.

정보 윤리에 따르면, 이것이야말로 올바른 생태적 관점이다. 게다가 이런 관점은 전체 우주가 신의 피조물이고 거기에 신이 거주하며 인간에게는 선물로 주어진 그 우주를 잘 보호해야 할 필요가 있다고 하는 그 어떤 종교 전통(유대-기독교 전통을 포함해)이나 영적 전통에서 보더라도 완벽하게 납득할 수 있다. 정보 윤리는 이 모든 것을 정보적 어휘로 번역한다. 만약 무언가가 도덕적 피동자일 수 있다면, 도덕적 행위자 A는 그것의 본성을 고려할 수 있으며, 그런 본성이 A의 행동을 형성하는 데 아무리 적게라도 어쨌든 이바지할 수 있다. 더 형이상학적인 어휘로 말하자면, **있음**의 모든 측면과 사례는 어쩌면 기각 가능한 최소한의 것일지 몰라도 어쨌든 그 시작에서는 도덕적 존중의 형태로 여길 가치가 있다고, 정보 윤리는 주장하는 것이다.

도덕적 존중의 중심으로 여겨질 수 있는 것의 개념을 확대하는 것은 새롭고 강력한 개념 틀을 제공하는 것으로서 ICT의 혁신적인 본성을 이해할 수 있게 해준다는 장점이 있다. 그것은 또한 이론적으로 강력한 관점에서 ICT와 관련된 일부 도덕적 쟁점들에 접근함으로써, 그 쟁점들이 가진 본래의 특징을 더 만족스럽게 다룰 수 있게 해준다. 시간이 흐르면서 윤리학은 도덕적 가치의 중심으로 여겨질 수 있는 것에 관한 협소한 개념에서 더 포괄적인 개념으로, 시민으로부터 생물권으로 점차 이동해 왔다. 인간이 삶의 상당 부분을 소비하는 새로운 아테네적 환경으로서 인포스피어의 등장은 도덕적 피동자로 분류할 수 있는 것에 대한 개념을 그 이상으로 확대해야 할 필요성을 설명해준다. 그렇다면 정보 윤리는 이런 전반적 흐름의 가장 최근 발전과 생명 중심적으로 치우치지 않는 생태적 접근 방식을 대표하는 셈이다. 그것은 환경 윤리를 인포스피어와 정보적 대상들의 어휘들로 번역한다. 왜냐하면 우리가 거주하는 우주는 그냥 지구가 아니기 때문이다.

피시스와 테크네의 결혼

우리의 자기 이해에서 발생한 중요한 변화(1장)와 우리가 다른 행위자들과 점점 더 많이 누리게 될 일종의 ICT-매개적 상호작용이라는 관점에서 볼 때, 생물학적이건 인공적이건(8장) 상관없이, ICT가 제기하는 새로운 윤리적 도전들과 씨름하는 최선의 방식은 환경적인 접근법에서 나올 수 있을 것이다. 이것이 천연의 것이나 사람이 손대지 않은 것을 특별 대우하는 것이 되어서는 안 된다. 모든 형태의 존재와 행동을 진실하고 진정한 것으로 취급해야 한다. 설령 인공적이거나, 합성적이거나, 공학적인 인공물에 기초한 존재나 행동일지라도 그렇다. 이런 종류의 전체론적 **환경주의**environmentalism는 **피시스**physis(자연, 실재)와 **테크네**techne(실용 과학과 그것의 응용들) 사이의 관계에 관한 우리의 형이상학적 시각의 변화를 요구한다.

피시스와 **테크네**가 화해할 수 있을지는 미리 정답이 정해져

있어서 누군가가 알아내기만을 기다리고 있는, 그런 질문이
아니다. 그것은 실행 가능한 해결책을 고안할 필요가 있는 실
천적인 문제에 훨씬 가깝다. 비유를 들자면, 우리는 두 개의
화학물질이 섞일 수 있는지를 묻고 있는 것이 아니라 어떤 결
혼이 성공적일 수 있는지를 묻고 있다. 올바른 유형의 헌신이
이루어진다면 긍정적인 답변이 나올 여지가 많다. **피시스와
테크네** 사이의 성공적인 결혼이 우리의 미래를 위해 지극히
중요하며, 그래서 우리가 지속적인 노력을 기울일 가치가 있
다는 데에는 의심의 여지가 없는 듯하다. 정보 사회는 번영을
위해 점점 더 기술에 의존하고 있지만, 번성해야 할 건강하고
자연스러운 환경도 똑같이 필요하다. 내일이나 내년의 세계
가 아니라 다음 세기나 다음 천년의 세계를 상상해보라. 피시
스와 테크네의 결별은 우리의 행복과 우리 서식지의 복지 둘
다에 철저한 재앙이 될 것이다. 기술 찬양론자와 녹색 근본주
의자는 이 점을 반드시 이해할 수 있어야 한다. 기술과 자연
사이의 유익하고 공생적인 관계를 협상하는 데 실패한다는
것은 고를 수 있는 선택지가 아니다.

다행히도 **피시스와 테크네** 사이의 성공적인 결혼은 성취 가
능한 일이다. 실로 훨씬 더 많은 진보가 이루어질 필요가 있
다. 정보의 물리학은 고도로 에너지 소비적이고 따라서 잠재
적으로는 환경에 적대적일 수 있다. 2000년에 데이터 센터들
이 지구 전기의 0.6%를 소비했다. 2005년에 그 수치는 1%로

증가했다. 오늘날 그 센터들은 연간 이산화탄소 배출에서 아르헨티나나 네덜란드보다 더 큰 책임이 있다. 만약 현재의 흐름이 유지된다면, 배출량은 2020년에 이르러 네 배로 커져서 6억 7천만 톤에 도달할 것이다. 그때가 되면, ICT의 탄소 발자국carbon footprint[6]이 항공기 산업보다 더 커질 것이다. 하지만 최근의 연구에 따르면, ICT는 또한 2020년까지 매년 약 8메트릭기가톤[7]의 온실가스 방출량을 제거하는 데 도움을 줄 것이기도 하다. 그 정도면 오늘날 지구 방출량의 15%에 해당하는 것으로서 2020년에 ICT가 방출할 것으로 추정되는 양보다 다섯 배가 더 많다. 이런 긍정적이고 개선 가능한 균형이 나에게 마지막 한마디를 꺼내게 만든다.

최고의 녹색 기계는 100%의 에너지 효율을 지닌 기계이다. 불행히도 이것은 영구운동 기계에 해당하는 것이며, 5장에서 본 바와 같이 그런 기계는 단지 몽상에 지나지 않는다. 하지만 또한 우리는 그런 불가능한 목표에 점점 더 가까이 다가갈 수 있다는 것도 안다. 에너지 낭비는 극적으로 줄어들 수 있으며, 에너지 효율은 고도로 증가할 수 있다(그 두 과정이 반드시 같지는 않다. 재활용하는 경우와 더 적은 자원으로 더 많은 일을 하

6 개인이나 기업, 국가 등의 단체가 활동이나 상품을 생산하고 소비하는 전체 과정을 통해 발생시키는 온실가스, 특히 이산화탄소의 총량을 의미한다.

7 1,000kg을 1톤이라 할 때, 메트릭기가톤은 10억 톤에 해당한다.

는 경우를 비교해보라). 흔히, 그 두 종류의 과정은 정보 관리의 중대한 개선(예를 들면, 하드웨어와 처리 과정을 더 낫게 만들어 운영하는 것)에 따라서만 발전할 수 있을 것이다. 그러므로 우리가 앞 장에서 만났던 소크라테스의 윤리적 주지주의를 재해석하는 방법은 바로 이것이다. 정보 관리를 더 잘할수록 도덕적 악행이 덜 생겨난다는 의미에서, 우리는 더 잘 알지 못하기 때문에 악행을 저지른다. 단, 물론 조건이 있다. 몇몇 윤리 이론들은 행위자가 자신의 환경 내에서 수행하는 도덕 게임을 절대적으로 승부가 가려질 수 있는 게임으로 여기는 것 같다. 즉, 더 높은 점수를 얻으려 하는 게임이 아니라 설령 득점을 아주 적게 올리는 한이 있어도 어떤 도덕적 패배나 오류만 발생하지 않으면 이길 수 있는 게임이라고 보는 것이다. 마치 골을 먹지만 않으면 딱 한 골만 득점해도 이기게 되는 축구 시합처럼 말이다. 이런 절대적 관점이 서로 다른 당파들 사이에서 성공적인 타협의 중요성을 과소평가하게 만든 것 같다. 상쇄할 방법이 있건 없건 상관없이 일정 정도의 이산화탄소 방출에 책임이 있는 기술은 그 어떤 것도 수용할 수 없다고 주장하는 환경주의자를 상상해보라. 더 현실적이고 도전적인 관점은, 우리가 도덕적 악을 피할 길은 없으므로 진정한 노력이란 그 악을 제한하고 더 큰 도덕적인 선함으로 그것을 상쇄하는 데에 있다고 보는 것이다.

ICT는 파괴, 빈곤, 문화 파괴, 천연자연과 인간적 자원(역사적인 것과 문화적인 것을 모두 포함해서) 둘 다의 낭비에 맞서 싸우는 우리의 싸움을 도울 수 있다. 그래서 ICT는 내가 다른 곳에서 **종합적 환경주의**synthetic environmentalism 혹은 **e-환경주의**e-nvironmentalism라고 부른 입장의 소중한 동맹군이 될 수 있다. 우리는 **테크네**를 지식의 신데렐라로 취급하려는 그리스의 인식론적 경향, 회피 불가능한 악과 더 많은 선함 사이의 그 어떤 도덕적 균형도 수용하지 않으려는 절대주의적 성향, 자연주의를 인간 삶의 유일한 참된 차원으로 특권화함으로써 자연주의와 구성주의 사이를 이간질하려는 모든 근대적이고 반동적이고 형이상학적인 유혹에 저항해야 한다. 과제는 정보 유기체이자 자연 속의 행위자이며 자연의 청지기이기도 한 우리의 역할들을 화해시키는 것이다. 좋은 소식은 그것이 우리가 해소할 수 있는 과제라는 것이다. 이상한 일은 우리가 그런 혼종적인 성질을 지녔다는 사실을 느리게 깨달아가고 있다는 것이다. 바로 그런 자기 이해 과정의 전환점을 나는 1장에서 **제4차 혁명**이라고 규정한 것이다.

참고문헌

서론

W. Weaver, "The Mathematics of Communication", *Scientific American*, 1949, 181(1), 11-15.

C. E. Shannon, *Collected Papers*, edited by N. J. A. Sloane and A. D. Wyner (New York: IEEE Press, 1993).

C. E. Shannon and W. Weaver, *The Mathematical Theory of Communication* (Urbana, IL: University of Illinois Press, 1949; reprinted 1998).

1장

L. Floridi, "A Look into the Future Impact of ICT on Our Lives", *The Information Society*, 2007, 23(1), 59-64.

S. Freud, "A Difficulty in the Path of Psycho-Analysis", *The Standard Edition of the Complete Psychological Works of*

Sigrnund Freud, XVII (London: Hogarth Press, 1917-19), 135-44.

2장

J. Barwise and J. Seligman, *Information Flow: The Logic of Distributed Systems* (Cambridge: Cambridge University Press, 1997).

G. Bateson, *Steps to an Ecology of Mind* (Frogmore, St Albans: Paladin, 1973).

T. M. Cover and J. A. Thomas, *Elements of Information Theory* (New York; Chichester: Wiley, 1991).

F. I. Dretske, *Knowledge and the Flow of Information* (Oxford: Blackwell, 1981).

D. S. Jones, *Elementary Information Theory* (Oxford: Clarendon Press, 1979).

D. M. MacKay, *Information, Mechanism and Meaning* (Cambridge, MA: MIT Press, 1969).

J. R. Pierce, *An Introduction to Information Theory: Symbols, Signals and Noise*, 2nd edn (New York: Dover Publications, 1980).

A. M. Turing, "Computing Machinery and Intelligence", *Minds and Machines*, 1950, 59, 433-60.

3장

C. Cherry, *On Human Communication: A Review, a Survey, and a Criticism*, 3rd edn (Cambridge, MA; London: MIT Press, 1978).

A. Golan, "Information and Entropy Econometrics - Editor's View", *Journal of Econometrics*, 2002,107(1-2), 1-15.

P. C. Mabon, *Mission Communications: The Story of Bell Laboratories* (Murray Hill, NJ: Bell Telephone Laboratories, 1975).

C. E. Shannon and W. Weaver, *The Mathematical Theory of Communication* (Urbana, IL: University of Illinois Press, 1949; reprinted 1998).

4장

F. I. Dretske, *Knowledge and the Flow of Information* (Oxford: Blackwell, 1981).

J. Barwise and J. Seligman, *Information Flow: The Logic of Distributed Systems* (Cambridge: Cambridge University Press, 1997).

Y. Bar-Hillel, *Language and Information: Selected Essays on Their Theory and Application* (Reading, MA; London: Addison-Wesley, 1964).

M. D'Agostino and L. Floridi, "The Enduring Scandal of

Deduction: Is Prepositional Logic Really Uninformative?",
Synthese, 2009, 167(2), 271-315.

L. Floridi, "Outline of a Theory of Strongly Semantic
Information", *Minds and Machines*, 2004,14(2), 197-222.

J. Hintikka, *Logic, Language-Games and Information: Kantian
Themes in the Philosophy of Logic* (Oxford: Clarendon Press,
1973).

K. R. Popper, *Logik Der Forschung: Zur Erkenntnistheorie Der
Modernen Naturwissenschaft* (Wien: J. Springer, 1935).

5장

P. Ball, "Universe Is a Computer", *Nature News*, 3 June 2002.

C. H. Bennett, "Logical Reversibility of Computation", *IBM
Journal of Research and Development*, 1973,17(6), 525-32.

R. Landauer, "Irreversibility and Heat Generation in the
Computing Process", *IBM Journal of Research and
Development*, 1961, 5(3), 183-91.

S. Lloyd, "Computational Capacity of the Universe", *Physical
Review Letters*, 2002, 88(23), 237901-4.

J. C. Maxwell, *Theory of Heat* (Westport, CT: Greenwood Press,
1871).

J. A. Wheeler, "Information, Physics, Quantum: The Search for

Links", in *Complexity, Entropy, and the Physics of Information*, edited by W. H. Zureck (Redwood City, CA: Addison Wesley, 1990).

N. Wiener, *Cybernetics or Control and Communication in the Animal and the Machine*, 2nd edn (Cambridge, MA: MIT Press, 1961).

6장

E. Schrodinger, *What Is Life? The Physical Aspect of the Living Cell* (Cambridge: Cambridge University Press, 1944).

7장

M. D. Davis and O. Morgenstern, *Game Theory: A Nontechnical Introduction* (London: Dover Publications, 1997).

J. Nash, "Non-Cooperative Games", *Annals of Mathematics*, Second Series, 1951, 54(2), 286-95.

8장

A. Einstein, *Ideas and Opinions* (New York: Crown Publishers, 1954).

A. Naess, "The Shallow and the Deep, Long-Range Ecology Movement", *Inquiry*, 1973, 16, 95-100.

J. Rawls, *A Theory of Justice*, revised edn (Oxford: Oxford University Press, 1999).

L. J. White, "The Historical Roots of Our Ecological Crisis", *Science*, 1967,155,1203-7.

N. Wiener, *The Human Use of Human Beings: Cybernetics and Society*, revised edn (Boston, MA: Houghton Mifflin, 1954).

해제

플로리디의 제일철학으로서 정보철학

신상규

이화여대 인문과학원 교수

포스트휴먼 융합인문학 협동과정 주임교수

오늘날 우리가 사는 세계 혹은 시대를 규정하는 기술은 컴퓨터를 중심으로 한 디지털 기반 정보통신기술이다. 컴퓨터나 인터넷, 스마트폰이 없는 우리의 일상을 상상한다는 것은 이제 정말 어려운 일이 되었다. 개인, 사회, 국가의 유지, 발전, 번영이 정보의 생성, 처리, 관리 및 활용 방식에 결정적으로 의존하는, 소위 하이퍼히스토리의 시대가 된 것이다. 21세기의 석유로 불리는 빅 데이터의 확대와 기계학습을 기반으로 작동하는 인공지능의 눈부신 발전은 그러한 의존을 더욱 심화할 것이다.

하지만 아이러니하게도, "정보"라는 개념이 철학의 본격적인 관심사나 주요 주제로 부상한 것은 비교적 최근인 1990년대 후반을 지나서의 일이다. 물론 그전에도 철학계에서 계산 개념이나 인공지능에 관한 논의, 의미를 자연화하려는 '정보 의미론'에 관련된 논의 등이 없었던 것은 아니지만, 정보 개

넘 자체가 철학적 탐구의 주인공으로 전면에 나섰던 적은 없었다. 그리고 그런 새로운 흐름의 중심에 이탈리아 출신의 영국 철학자, 바로 이 책의 저자인 루치아노 플로리디가 있다. 1964년 로마에서 태어난 플로리디는 사피엔차 로마 대학교에서 철학을 공부하고, 영국의 워릭 대학교에서 대학원 과정을 밟았다. 군 복무를 마치고 1988년에 학부를 졸업한 후 이듬해에 석사 과정을 1년 만에 마쳤고, 놀랍게도 다시 1년 만에 박사학위를 받았다고 한다. 논문 지도교수는 논리학의 대가인 수전 하크Susan Haack였으며, 이후 옥스퍼드 대학교에서 박사후과정으로 세계적인 철학자 마이클 더밋Michael Dummett과 함께 연구하였다. 현재 그는 옥스퍼드 대학교의 정보철학 및 윤리학 교수, 그리고 이탈리아의 볼로냐 대학교의 문화와 커뮤니케이션 사회학 교수를 겸직하고 있다.

오늘날 정보혁명의 이론적 기초를 마련한 인물로 흔히 앨런 튜링, 클로드 섀넌, 노버트 위너 등과 같은 이들이 꼽힌다. 이들의 선구적 논의를 바탕으로, 플로리디는 이제 "정보"를 철학의 근본 개념으로 간주하는 새로운 "제일철학philosophia prima"으로서 이른바 '정보철학'을 구축하고자 한다. 아리스토텔레스 철학에서 사물의 근본 원리를 다루는 학문으로서 형이상학 혹은 존재론이 차지했던 권좌를 이제 정보철학이 계승해야 한다는 것이다. 하지만 플로리디의 정보철학은 단지 존재론이나 형이상학의 차원에 그치는 것이 아니다. 한 걸음 더 나아가, 인식론, 윤리학, 심지어 정치철학까지도 포괄하는 통합 체계로서의 궁극적 제일철학을 지향한다.

플로리디에 따르면, 정보는 가장 흔히 사용되지만 가장 적게 이해된 개념으로서, 철학사의 신데렐라 같은 존재이다. 인식론, 윤리학, 논리학, 존재론, 심리철학, 언어철학, 해석학, 생물학의 철학, 물리학의 철학, 그 어디에서도 정보가 중요하지 않은 분과는 없다. 그런데 마치 신데렐라가 집 안에서 열심히 궂은일만 해왔던 것처럼, 서구의 철학은 2500년 동안 늘 '정보적으로' 말해왔음에도 불구하고 정작 그런 사실을 의식하지 못했다고 플로리디는 지적한다. 이제야말로 정보혁명이 불러올 급진적 변화를 이해하고, 우리 시대의 철학뿐 아니라 인류의 미래를 설계하기 위해서라도 정보철학으로 눈을 돌려야 한다는 것이 그의 주장이다.

플로리디가 말하는 정보철학의 핵심 과제는 첫째, 정보 동역학과 정보 활용 및 정보 과학을 포함하여, 정보의 개념적 본성과 기본 원칙을 비판적으로 탐구하는 것이다. 둘째, 정보이론 및 계산적 방법론의 발전된 성과들을 (전통적인) 철학적 문제들에 적용하여, 오래된 철학적 문제들에 생기를 불어넣고, 새로운 문제들을 제기하며, 우리의 세계관을 재개념화하는 것이다.

특히 플로리디는 오늘날의 영미 분석철학이 중세의 스콜라철학처럼, 점점 철학적 질문보다는 '철학자들의 질문'에 더 관심을 가지며, 지적 새로움에 너그럽지 않은 정체된 학문이 되었다고 비판한다. 플로리디에 따르면, 우리는 세계 그 자체에 접근할 수 없으며, 언제나 특정한 (개념적) 인터페이스를 통해 실재에 다가갈 수밖에 없다. 세계는 우리에게 데이터를 제공하고, 우리 인간은 의미론적 엔진이 되어 이러한 데이터를 정보로 변환한다. 이러한 구성주의적 지식관을 옹호하는 플로리디는, 기본적으로 철학이란 '개념 디자인'의 학문이라고 생각한다. 디지털 정보혁명을 통해 새롭게 변화한 세계와 우리 자신을 이해하기 위해서 우리는 철학을 리부팅해야 할 필요가 있으며, 그 열쇠가 바로 정보철학이라는 것이 바로 그의 핵심 주장이다.

플로리디는 자신의 그런 야심 찬 프로젝트를 '정보철학의 원리Principia Philosophiae Informationis'라 명명하고, 4부작으로 구성된 시리즈 저서의 출간을 진행 중이다. 다음 쪽의 도표는 이 프로젝트와 관련된 각 저술의 위치와 상호 관계를 보여준다.

4부작 중 1~3부에 해당하는 세 권이《정보의 철학》,《정보의 윤리학》,《정보의 논리학》이란 제목으로 각각 출간되었으며, 조만간 4부의 첫 권으로《AI의 윤리학》이 출간될 예정이고, 최종적으로 4부의 둘째 권으로《정보의 정치학》을 남겨두고 있다. 그리고 전체 프로젝트의 입문 역할을 하는 책이 바로이 책《정보철학 입문》, 그리고《4차 혁명》이라는 책이다.

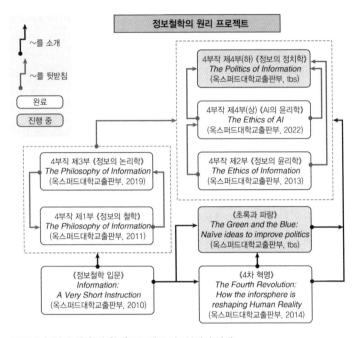

플로리디의 '정보철학의 원리' 프로젝트 및 4부작의 관계.
(도표 출처: http://www.philosophyofinformation.net/research/)

이 책은 1장과 8장에서 정보혁명의 정체 및 정보의 윤리학
을 간략히 소개하고 있으며, 나머지 장들에서는 "정보"라는
개념의 다양한 의미 및 관계를 설명하고 있다. 플로리디는
"잘-형성되고, 유의미하고, 진실한 데이터"로서의 사실적인
의미론적 정보가 정보 개념의 가장 핵심이라고 생각한다. 이
는 정보에 수학적으로 접근하여 정량적으로 측정하고자 했던
섀넌의 정보 개념과는 구분된다. 섀넌의 관심은 신호의 송수
신에 관련된 통신의 문제였으며, 이와 관련된 공학적 문제는

그 신호의 의미적 측면과는 무관한 것이었다.

반면, 플로리디는 지식이나 진리와 관련된 의미론적 정보에 주된 관심이 있다. 하지만 그가 의미론적 정보가 모든 정보 유형의 토대가 된다거나, 다른 모든 종류의 정보 개념이 의미론적 정보로 환원될 수 있다는 위계적 환원주의를 주장하는 것은 아니다. 물론 그렇다고 해서 정보 개념과 특성의 다양성만을 강조하는 유명론적 접근을 받아들이는 것도 아니다. 대신, 플로리디는 여러 정보 개념들이 상호적이고 동적인 영향 관계로 묶여 네트워크를 이루며, 그러한 네트워크의 성격을 해명하는 해석학적 장치의 역할을 담당하는 핵심 개념이 바로 의미론적 정보라고 생각한다. 이 책의 주요 내용은 다양한 정보 개념들 사이에 성립하는 이러한 상호 연관성을 기초적으로 해명한 것에 해당한다.

이 책이 주로 정보 개념의 이론적 기초를 설명한 것이라면, 정보혁명의 정체와 우리가 마주하고 있는 도전을 진단하고, 이를 위한 철학적 갱신의 필요성이나 지향해야 할 큰 틀의 방향성을 논의하고 있는 책이 《4차 혁명》이다. 여기서 "4차 혁명"이란 표현은 인간의 자기 이해라는 측면에서 코페르니쿠스, 다윈, 프로이트의 뒤를 이어 네 번째 혁명이 진행되고 있음을 시사한다. 플로리디에 따르면, 오늘날 우리는 아날로그에서 디지털 세계로 넘어가는 전환기를 살고 있으며, 지구적 정보사회에서 우리가 직면한 대부분의 도전은 정보와 통신에 관한 기술, 즉 데이터의 기록, 전송, 처리 기술과 연관되어 있거나 그런 기술을 통하지 않고는 해답을 생각하기 어려운 것들이다. 플로리디가 이런 현상을 정식화한 개념이 바로 '하이퍼히스토리'다.

하이퍼히스토리 시대의 디지털 정보기술은 단순히 우리가 세계를 다루는 도구에 그치는 것이 아니라, 우리가 세상을 어떻게 이해하고, 어떻게 관계를 맺고, 우리 자신을 어떻게 바라보고, 어떻게 상호작용을 하는지를 새롭게 규정하는 것일 뿐 아니라, 더 나아가 악에 대항하고 더 나은 미래를 형성하기 위한 강력한 무기이기도 하다. 플로리디는 《4차 혁명》에서 다양한 신조어를 도입하여 이러한 현상들을 해명하고 있다. 우리가 사는 정보적 환경으로서 '인포스피어', 온라인과 오프라인이 분리되지 않는 '온라이프onlife'의 삶, 정보유기체인 '인포그'로서의 인간, 정보사회가 일으키는 다양한 윤리적 상황에서 행위자가 윤리적 선택이나 행동을 하도록 촉진하는 기반인 '인프라에틱스infraethics', 국민 국가의 영향력 쇠퇴와 국제기구나 다국적 기업과 같은 '다중행위자 체계multi-agent system'의 부상, 인공-디지털-합성적인 것을 포괄하는 'e-환경윤리학e-nvironmental ethics'의 가능성 타진 등이 《4차 혁명》에서 논의되고 있다.

제목대로 일종의 입문서인 이 책을 읽고 플로리디의 정보

철학을 더 깊게 이해하고픈 호기심이 생긴 독자라면, 다음으로 《4차 혁명》의 일독을 권장한다. 아쉽게도 아직 《4차 혁명》의 한국어 번역판은 나와 있지 않다. 번역본이 조속히 출간되기를 기대해본다.

이 논문 또는 저서는 2019년 대한민국 교육부와 한국연구재단의 지원을 받아
수행된 연구임. (NRF-2019S1A5A2A03045237)

정보철학 입문

초판 1쇄 발행 | 2022년 9월 30일

지 은 이 | 루치아노 플로리디
옮 긴 이 | 석기용
펴 낸 이 | 이은성
편   집 | 이한솔
디 자 인 | 백지선
펴 낸 곳 | 필로소픽

주 소 | 서울시 종로구 창덕궁길 29-38, 4-5층
전 화 | (02) 883-9774
팩 스 | (02) 883-3496
이 메 일 | philosophik@naver.com
등록번호 | 제2021-000133호

ISBN 979-11-5783-271-2 93100

필로소픽은 푸른커뮤니케이션의 출판 브랜드입니다.